Callwey

Dieter Hoor
Holger Reiners

Der Dachausbau

Planung und Ausführung
Neue Wohnräume unterm Dach

Callwey

DANK

Allen Architekturbüros und ihren Mitarbeitern, den Bauherren und den Fotografen sei an dieser Stelle ganz herzlich für ihr freudiges Engagement gedankt. Ohne die großzügige Mitarbeit aller Beteiligten hätte dieses Buch nicht entstehen können.
Unser Dank gilt auch unseren Mitarbeitern Dipl.-Ing. Bernd Kroll und Ingke Sieh für die Bearbeitung der Zeichnungen.

Abbildung Seite 2
Ein Dachausbau, der durch eine besonders sorgfältige Planung besticht: Die Gestaltung der Raumfolge mit unterschiedlichen Höhenstaffelungen und wirkungsvoller Lichtführung, die funktionale Materialwahl und die Detaillierung aller handwerklichen Arbeiten.
Architekturbüro Stiebale, München

CIP-Titelaufnahme der Deutschen Bibliothek
Der Dachausbau: Planung und Ausführung; Neue Wohnräume unterm Dach / Dieter Hoor; Holger Reiners. –
München: Callwey, 1991
(. . . rund ums Haus)
ISBN 3-7667-1010-9
NE: Hoor, Dieter; Reiners, Holger

Umschlagentwurf Baur + Belli Design, München, unter Verwendung der Abbildung 66
Lithos Fotolito Longo, Frangart/Bozen
Satz Filmsatz Schröter, München
Druck und Bindung Kastner & Callwey, Forstinning/München
Printed in Germany
ISBN 3-7667-1010-9

INHALT

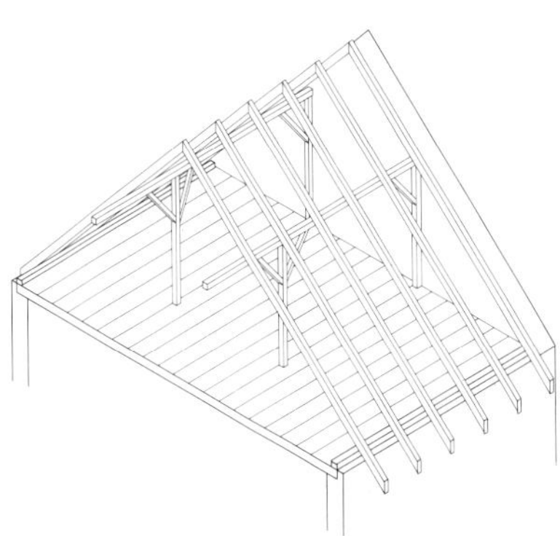

EINFÜHRUNG

WOHNEN UNTER DEM DACH – MEHR ALS EIN TREND

Unterm Dach - Juchhe!

Das war lange die freundliche Umschreibung düsterer und winkliger Kammern für Dienstboten oder angehende Poeten – furchtbar zugig im Winter und stickig heiß im Sommer. Dachwohnungen, das waren die Künstlerateliers mit Aussicht auf bessere Zeiten, denen immer das anerkennend Stimulierende anhaftete, wie es Wilhelm Raabe 1856 in seiner »Chronik der Sperlingsgasse« beschrieb: »... Und fragst Du auch, wo die frischesten, originellsten Schöpfungen in allen Künsten entstanden sind, so wird meistens die Antwort sein: in einer Dachstube!«

Dachausbau heute, ein Zurück ins biedermeierlich Schlupfwinklige? Oder eher eine Wohnform für Realisten, die sich die letzten verfügbaren Flächen in der Stadt sichern, für die Träumer und Schöpferischen, die das Besondere dieser originellen Wohnform als Stimulus suchen? Dachwohnungen sind schon lange nicht mehr die Stiefkinder des Wohnens, sie sind vielmehr die interessante Alternative, ein Stück Freiraum für Individualität, der häufig auch noch erschwinglich ist – weil sich nur Mutige an ein solches Abenteuer herantrauen.

All das ist die Dachwohnung heute: Chance für Wohnungssuchende, wohnungspolitische Ressource und Markt zugleich, aber auch eine verantwortungsvolle Aufgabe für Handwerker und Architekten, die mit dieser schwierigen Bauaufgabe umgehen müssen.

Das Dach, die fünfte Fassade des Hauses

Das Dach, flach oder geneigt, ist das oberste Bauelement, die schützende horizontale Fassade, die das Haus vor allen Witterungseinflüssen bewahren muß. Insbesondere in regen- und schneereichen Regionen ist es extremen Belastungen ausgesetzt.

Die älteste Dachform, das geneigte Dach, entsprach durch die ideale Möglichkeit zur zwei- oder allseitigen Wasserableitung den Forderungen nach einem regendichten Haus, die auch

1, 2, 3 Ein kleiner Ausschnitt aus der Entwicklung der Architekturfassungen: Von den fantastischen Dachgebirgen eines Antonio Gaudi (1907) über die strengen Konturen der Villa Savoye von Le Corbusier (1931) bis hin zur Rückbesinnung auf die Integration von Dachform und Dachfassade in die übrige, bewegte Architektur des Gebäudes (Wohnbebauung Fraenkelufer, Berlin 1984 von H. und I. Baller).

lange Zeit mit den zur Verfügung stehenden Baumaterialien gar nicht anders zu erfüllen waren.
Die Konstruktion des geneigten Daches hat eine lange handwerkliche Tradition, die von Generation zu Generation weitergegeben wurde. Der lange Weg des geneigten Daches reicht von einfachsten, ohne Architekten entstandenen Bauaufgaben bis hin zur sorgfältig und kunstvoll geplanten Dachhaube Mansardscher Prägung.
In dem Maße, in dem Architektur von Architekten geplant wird, sich Architekturformen nicht mehr aus handwerklichen und stilistischen Traditionen entwickeln, wird das Dach jedoch nicht mehr nur als technisch notwendiges, schützendes Bauteil begriffen, sondern immer mehr auch als Gegenstand einer nach neuen Formen suchenden Gestaltung. Das Dach sollte mehr sein als Schutz, es sollte dem Gebäude in Analogie zu Grundriß und Fassaden einen markanten Abschluß geben.
Die Ausbildung dieses Abschlusses reicht vom schattenwerfenden Dachüberstand über die knappe, bündige Dachkantenausbildung bis hin zu geschwungenen, von Gauben und Erkern geprägten Dachlinien. Aber nicht nur die Dachkanten, sondern die Dachflächen selbst – die fünfte Fassade –, wurden, weil ja von höheren Häusern aus sichtbar, in die Gestaltung mit einbezogen.
Mit dem Aufkommen einer neuen Architekturauffassung, dem Neuen Bauen am Beginn des zwanzigsten Jahrhunderts, wurde das Dach in besonderem Maße zum Gegenstand ideologischer Auseinandersetzungen unter den Architekten. Das flache Dach stand für die Moderne, für eine kubische, schmuck- und ornamentlose Architektur, als Chiffre für Ökonomie und zeitgemäßen Rationalismus. Das geneigte Dach dagegen für architektonischen Konservatismus, für Heimattümelei und Spießigkeit, die immer am Stillstand der Zeit interessiert ist.
Neben der neuen Architekturauffassung war es auch die industrielle Entwicklung neuer Baustoffe und Baumethoden, die zu einer Veränderung der Dachlandschaften in unserer gebauten Umwelt führte. Seitdem gelten flache Dächer als Ausdruck progressiver Architektur – bis hin zum Überdruß. Inzwischen ist eine Rückbesinnung eingetreten, das geneigte Dach gewinnt wieder an Bedeutung. Aber noch tun sich viele Architekten schwer, ganz selbstverständlich die Fassade »Dach« zu gestalten. Und so einfach, wie Adolf Loos feststellen konnte, »die Schönheit der Dachlandschaft hängt vom Zimmermann ab«, ist es auch nicht mehr. Auch der muß erst wieder lernen, mit allen Varianten des geneigten Daches umzugehen.

Das Dach, ein zusätzliches Geschoß in bevorzugter Lage

So wie sich in südlichen Ländern das typische flache Dach als Dachgarten geradezu anbietet, legt das geneigte Dach in unseren Breiten die Nutzung zu hochwertigen Wohnungen nahe. In der Vergangenheit war das Dachgeschoß mit seinen schrägen Wänden Abstell- und Wäschetrockenräumen vorbehalten. Die Entwicklung in der Fenstertechnik mit ihren liegenden Dachfen-

stern, den großflächigen Oberlichtern verschiedenster Öffnungsart und die Entwicklung der Schrägdachverglasung brachte dann Licht in das Dunkel der Dachböden. Neue Dämm- und Verkleidungsmaterialien, neue Leichtwandsysteme und Ausbautechniken machen heute aus dem vernachlässigten Dachraum vollwertige Wohngeschosse, die bei richtiger Planung alle Ansprüche an zeitgemäßen Komfort erfüllen können. Der Reiz ausgebauter Dachgeschosse in alten, mehrgeschossigen Wohnhäusern im innerstädtischen Raum wurde längst erkannt, ebenso die Möglichkeiten, die die faszinierenden Raumgebilde großer Scheunen oder Speicher auf dem Land bieten. Der Ausblick über die Dächer, die Ruhe inmitten städtischen Getriebes, die Möglichkeiten der Belichtung über große Teile der Dachflächen, das Wohnen im Stadtzentrum mit seiner vorhandenen Infrastruktur machen heute die Dachwohnungen zu einem begehrten Objekt Wohnungssuchender, die in der Stadt bleiben wollen.
Die Nutzung vorhandener Dachgeschosse in der Innenstadt zu Wohnzwecken, eine willkommene Möglichkeit, der zunehmenden Wohnungsnot teilweise begegnen zu können, wirft natürlich auch Probleme auf. Zusätzliche Wohnungen bedeuten gleichzeitig auch eine Verschärfung der ohnehin schon nicht mehr zu bewältigenden Parkplatzprobleme. Aber städtischer Baugrund ist nun einmal nicht vermehrbar, es sei denn in die Höhe. Und der fehlende Parkplatz ist sicher kein Grund, auf die besondere Attraktivität einer Dachgeschoßwohnung zu verzichten.

Das Dach – Tummelplatz für Ideen

In der Geschoßwohnung findet der Käufer oder Mieter in den meisten Fällen festgefügte, unveränderbare Grundrisse vor, mit denen er sich arrangieren muß. Tragende Wände verhindern häufig große, fließende Raumfolgen, und auch die lichte Geschoßhöhe ist begrenzt.
Der Dachboden dagegen ist ein offenes System von Stützen, die die Dachkonstruktion tragen. Störende, einengende Wände sind so gut wie gar nicht vorhanden. Im Rahmen dieses Skeletts aus Stützen, Pfetten und geneigten Sparren sind der Phantasie des Planers und des zukünftigen Bewohners kaum Grenzen gesetzt. Um die Stützen und Schornsteine herum können die Grundrisse in freier Form entwickelt werden. Nichttragende, raumabgrenzende Leichtbauwände können nach Bedarf gestellt und auch wieder demontiert und an anderer Stelle aufgestellt werden. Das Tragskelett gewährleistet ein Maximum an Variabilität im Grundriß mit Raumformen verschiedenster Art. Stützen, Kehlbalken, Pfetten und Sparren können sichtbar bleiben, den Raum gliedern und die Konstruktion des Daches erkennbar machen – reizvolle architektonische Elemente, die nur das Dachgeschoß bieten kann.
Je nach den statischen Voraussetzungen und den brandschutzrechtlichen Forderungen läßt die Höhe des Dachraums, insbesondere bei steil geneigten Dächern, den Einbau von Galerien und Dachterrassen zu, eingeschnitten oder aufgesattelt. So wird das Wohnen unterm Dach heute zu einem besonderen Raumerlebnis und zu einer begehrten Wohnform.

Das Dach – eine schwierige Baustelle

Die Baustelleneinrichtung bei einem Neubau hat den großen Vorteil, daß zunächst die Grundfläche, auf der das Gebäude erstellt werden soll, unbebaut ist und Platz für Material und Versorgungseinrichtungen bietet. Vor einer völlig anderen Situation steht ein Bauherr, der das Dach eines bereits seit langer Zeit bewohnten Hauses ausbauen will. Platz bieten, wenn überhaupt, nur der Vorgarten oder der öffentliche Straßenraum, wobei in beiden Fällen die Zustimmung des Eigentümers einzuholen ist.
Während der Ausbauarbeiten muß der bauliche Bestand des alten Hauses gesichert werden, zum Beispiel: soll das Dach neu eingedeckt oder verändert werden, so müssen die darunterliegenden Wohnungen gegen Feuchtigkeitseintritt durch Planen geschützt werden. Die Arbeiten

müssen so ausgeführt werden, daß keine Risse oder andere Veränderungen an den Bauteilen der darunterliegenden Wohnungen auftreten können. Es ist darüber hinaus auch für die Sicherheit der Hausbewohner und des öffentlichen Bereiches durch Schutzmaßnahmen wie Fanggitter zu sorgen.

Die Frage des gesamten Materialtransports und des Schuttabtransports ist zu klären und zu planen. Bei kleineren Baumaßnahmen mit geringem Materialaufwand läßt sich das vorhandene Treppenhaus bei entsprechenden Schutzmaßnahmen für die Bewohner und den Bestand nutzen.

Bei größeren Baumaßnahmen mit einschneidenden Veränderungen wie neue Dachdeckung, Wände, Fenster und Türen oder Anheben der Dachkonstruktion und Auswechslung statisch erforderlicher Bauteile wird schon allein aus Zeit- und Sicherheitsgründen das Treppenhaus nicht mehr in Betracht kommen.

Das bedeutet, daß die gesamte Belieferung der Baustelle von außen über einen Bauaufzug erfolgen muß.

Die Baustelle Dach erfordert mehr als andere Baumaßnahmen dieser Größenordnung besondere Erfahrungen über den Bauablauf. Jede Arbeitsstunde kostet zwischen 42,– und 75,– DM, und keine Handwerksfirma wird Fehlzeiten in Kauf nehmen, ohne sie zu berechnen. Eine gute Vorplanung der Bauabwicklung zahlt sich daher schon für die Angebotsphase aus: erfahrene Architekten wissen, wie sie die »Angstzuschläge« der Firmen verhindern können.

Das Dach – eine Wertanlage

Nicht nur die Preise für Grundstücke und Häuser sind – insbesondere in Ballungsgebieten – in die Höhe gegangen. Die früher kaum gefragten Dachböden haben heute aufgrund der allgemeinen Wohnungsnot und der Vorteile, die mit dem Wohnen in luftiger Höhe verbunden sind, ihren Preis – willkommene Möglichkeit für den Hauseigentümer, diese auch zu realisieren.

Auf einem Dachboden ist das »Grundstück« ebenso vorhanden wie der gesamte »Rohbau« und die Anschlüsse für die Haustechnik. Auch Erschließungskosten fallen nicht an. Ein kräftiger Preisanstieg für die Immobilie Dach konnte daher in den letzten Jahren nicht ausbleiben. Die Nachfrage nach Dachgeschoßwohnungen hat zu einer Verdreifachung des Quadratmeterpreises geführt, für den heute je nach Lage zwischen 800,– und über 1800,– DM gefordert und bezahlt werden.

Für den späteren Ausbau muß man je nach Ausstattung noch einmal ab 1200,– DM investieren. Das bedeutet einen Gesamtpreis von 3000,– DM bis fast 4000,– DM pro Quadratmeter – wobei nach oben keine Grenzen gesetzt sind. In der Summe kann der Endpreis für den Käufer je nach Ausbaustandard dem einer Eigentumswohnung in demselben Haus entsprechen. Für den investierenden Eigentümer wird sich der Dachausbau also immer rechnen, der Käufer bekommt im Gegenzug eine besonders attraktive Wohnung.

Ein weiterer positiver Effekt auf der Kostenseite ist, daß durch den Ausbau des Daches auch der Wärmeschutz des Gebäudes erheblich verbessert wird und sich auch die Hausnebenkosten bei annähernd gleicher Höhe günstiger auf alle Wohnungsinhaber oder Mieter verteilen werden.

DER DACHAUSBAU

BAUKOSTEN UND BAUNEBENKOSTEN

Bei Dachausbauprojekten, bei denen mit nicht mehr so leicht überschaubaren Baukosten und Schwierigkeiten zu rechnen ist, sollte der Bauherr in jedem Falle die Bestandsanalyse, die Planung und die Baudurchführung einem erfahrenen Architekten übertragen. Dieser ist verpflichtet, für eine exakte Planung, ihre Genehmigungsfähigkeit, für die Ermittlung und Einhaltung der Kosten und eine reibungslose Abwicklung Sorge zu tragen. Die aus seiner Tätigkeit resultierenden Kosten in Höhe von 15–20% (gesamte Baunebenkosten) sind in jedem Falle gut angelegt und halten den Bauherrn von Überraschungen frei.

Auf der Basis der mit dem Bauherrn erarbeiteten Vorentwurfsplanung wird zunächst eine Kostenschätzung durchgeführt, die den Nachweis der Rentabilität erbringen soll. In einem zweiten Stadium wird auf der Grundlage der endgültigen Entwurfsplanung eine Kostenberechnung erstellt. Aus Sicherheitsgründen sollte in dieser Kostenberechnung immer auch ein Betrag in Höhe von 10–15% der Baukosten für unvorhersehbare, zusätzliche Leistungen eingerechnet werden. Ausführungspläne, Ausschreibung und Angebote der Firmen ergeben im Kostenanschlag dann die tatsächlichen Baukosten, die dem Finanzierungsplan zugrundegelegt werden können.
Neben dem Zustand der Baukonjunktur und dem Auslastungsgrad der Fachfirmen werden die Baukosten vor allem durch folgende Faktoren bestimmt: Den Umfang der Eingriffe in den baulichen Bestand, den Umfang der Gesamtbaumaßnahme – eine größere Zahl von Wohnungseinheiten unter dem Dach ist im Verhältnis mit einem kleineren Finanzaufwand zu realisieren als eine Einzelmaßnahme – und den Standard des Ausbaus, den der Bauherr wünscht. Das Bauen im Bestand, wozu ja auch der Dachausbau zählt, bedingt in der Regel so manche Mehrkosten gegenüber einem Neubau: durch schwierige Baustelleneinrichtung und Anlieferung, durch notwendige Bestandssicherung, Sicherheitsmaßnahmen, durch längere Bauzeit, Abdeckung freiliegender Bauabschnitte, Gerüstbau, Zahlung von Standmieten für Container, Sanitärwagen und Materiallagerflächen. Zusätzlicher Wohnraum unter dem Dach bedeutet auch, daß PKW-Stellplätze in entsprechender Zahl nachgewiesen werden müssen, in städtischen Gebieten eine nahezu unerfüllbare Forderung, die sich oft nur durch die Zahlung eines Ablösebetrages an die öffentliche Hand umgehen läßt, in Hamburg zum Beispiel zur Zeit 11 000,– DM je Stellplatz. So addieren sich die Baukosten und Baunebenkosten schnell zu einem Wert pro Quadratmeter Wohnfläche, der bei einfachem Standard bei DM 1200, meist aber bei 2000 DM und höher liegen wird.
Auch wenn die Prämien für die Versicherungen während der Bauzeit die Baupreise nur unwesentlich beeinflussen, so sollte doch mit dem Architekten geklärt werden, welche Versicherung für den Dachausbau abgeschlossen werden soll: Die Bauherrenversicherung, die Schäden abdeckt, wenn auf oder durch die Baustelle Menschen zu Schaden kommen; die Bauwesenversicherung, die bei unvorhersehbaren Ereignissen wie Sturmschäden, mutwilliger Zerstörung oder Diebstahl bereits montierter Bauteile und auch bei Konstruktionsfehlern eintritt. Beide Versicherungen lassen sich als Baunebenkosten steuerlich anrechnen. Die Feuer-Gebäudeversicherung ist in der Regel obligatorisch, Leitungswasser-, Sturmschaden- und Hausratsversicherung sind meist ohnehin vorhanden, und die Lebensversicherung, die viele Kreditinstitute vom Bauherrn fordern, gilt als beschränkt abzugsfähige Sonderausgabe.

Eigenleistung

Beim Kauf oder bei der Anmietung eines Dachbodens kann natürlich für die Kosten des Ausbaus im Finanzierungsplan auch die Eigenleistung eingesetzt werden. Und sicherlich ist der Dachausbau durch die Verwendung überwiegend leichter Baumaterialien auch gut für Eigenleistungen geeignet. Die Erschwernisse durch

An- und Abtransport und die Risiken hinsichtlich des Bestandsschutzes und der Unfallgefahr sind jedoch so erheblich, daß die mögliche Eigenleistung nicht realistisch genug eingeschätzt werden kann, will man nicht am Ende böse Überraschungen erleben. Vor allem sollte die eigene Mitarbeit schon in der Planungsphase mit dem Architekten besprochen werden. Was kann geleistet werden? Gehen die eigenen Fähigkeiten über das Entrümpeln und das Abbrechen der alten Bodenverschläge hinaus? Kann die Eigenleistung, zum Beispiel Abdecken der alten Dachziegel, Planen verlegen, Schornstein abbrechen oder Leichtwände aufstellen auch immer zu dem Zeitpunkt erbracht werden, wenn es der Bauablauf erfordert? Sind die Firmen auch bereit, den Bauherrn mitarbeiten zu lassen und die eigene Kalkulation darauf abzustimmen? Wie steht es mit den Arbeiten, die vom Bauamt oder den Versorgungsunternehmen abgenommen werden? Hier wird der neue Dachbodenbewohner bestenfalls zuarbeiten können. Eigenleistungen haben darüber hinaus häufig etwas »Handgestricktes«, das dem Fachmann sofort auffällt und im Falle einer späteren Neuvermietung oder beim Verkauf negativ zu Buche schlägt. Auch dieser Aspekt sollte bedacht werden, so daß der Anteil der Eigenleistung an den Baukosten – und nur die nicht zu zahlenden Fremdlohnkosten sind ja relevant – je nach handwerklichen Kenntnissen und Geschick nicht mehr als 10 bis 20% ausmachen wird.

Finanzierung

Neben den üblichen Finanzierungsmöglichkeiten für Bauvorhaben bemüht sich die Bundesregierung derzeit besonders um die Förderung von Dachausbauten. In jedem Falle sollte daher der Rat verschiedener Banken und Sparkassen zur Ausarbeitung eines Finanzierungsplanes herangezogen werden, um die Vielzahl von Förderungsmöglichkeiten zu prüfen, die regional unterschiedlich angeboten werden: Baukostenzuschüsse im Rahmen von Stadtsanierungsmaßnahmen, Zuschüsse von Denkmalschutzämtern bei denkmalgeschützten Gebäuden und die staatlichen Fördermittel für den sozialen Wohnungsbau und den Wohnungsbau in den neuen Bundesländern. In allen Fällen gilt, daß die Anträge möglichst schnell gestellt werden sollten, ehe das Budget für das jeweilige Kalenderjahr erschöpft ist.

Neben den Fördermitteln der öffentlichen Hand sind durch das Steuerrecht Einsparungen von Steuern über den § 10e des Einkommensteuergesetzes gegeben, wonach 5% von höchstens 300 000,– DM Baukosten 8 Jahre lang absetzbar sind. Darüber hinaus lassen sich 750,– DM pro Kind und Jahr von der Steuerschuld abziehen. Bei einer vorgesehenen Vermietung lassen sich die günstigen Kredite der Kreditanstalt für Wiederaufbau einsetzen. Der Zinssatz beträgt über 10 Jahre fest 5,75% von Dreiviertel der Bausumme, allerdings bei höchstens 750,– DM Baukosten pro Quadratmeter.

Da es eine Vielzahl von Eingangsvoraussetzungen und Auflagen für die Nutzung von Steuervergünstigungen und Zuschüssen gibt, sollte jeder Bauherr seine persönliche Finanzierungssituation mit seiner Hausbank und seinem Steuerberater vor der Kaufentscheidung besprechen, um die monatliche finanzielle Belastung exakt festlegen zu können.

DACHFORMEN – TYPOLOGIE, BEGRIFFE, AUSBAU-MÖGLICHKEITEN

4 Eine interessante Interpretation eines ganz normalen Satteldaches: Der umgebaute Dachboden zeigt jetzt eine ungewöhnliche Expressivität durch die kühnen Formen, die sich durch den Wechsel zwischen scheibenartig verkleideter Dachkonstruktion und neu eingezogener gewölbter Decke ergeben.
Architekt: B. Trinkler, Basel

Die wohl älteste Dachform bei Wohnhäusern ist das Satteldach, es ist auch die einfachste und gebräuchlichste Dachkonstruktion. Das Satteldach besteht in der Regel aus zwei gleich geneigten Dachflächen, die jeweils auf den Hauslängswänden aufliegen und sich im First zusammenlegen. Die Giebelwände des Satteldaches sind die einzigen geraden Außenwandflächen im Dachinnern. Steht das Haus frei, bieten sie die Möglichkeit zum Einbau von Fenstern, ganzen Fensterwänden und Loggien. Die Tragkonstruktion des Satteldaches kann in drei unterschiedlichen Formen ausgeführt sein:

Pfettendach

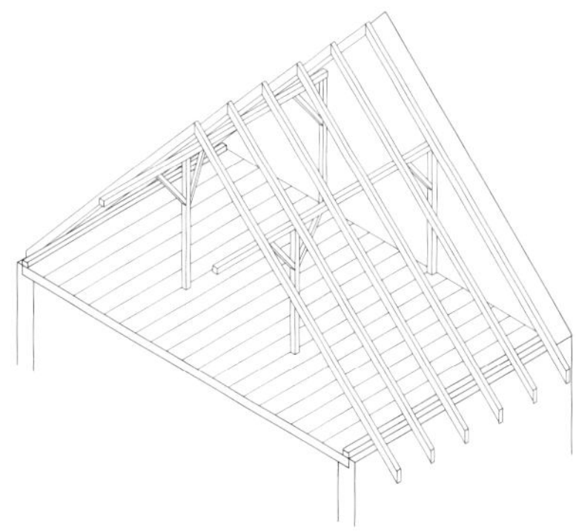

△ 5

△ 6

▽ 7

Beim Pfettendach werden die Dachlasten über die Fußpfetten auf die Außenwände, und über die First- und Mittelpfetten auf Stiele übertragen. Diese Stiele beeinträchtigen je nach Häufigkeit ihrer Anordnung zwar die Nutzung des Dachraumes, sie gliedern ihn aber auch, und die sichtbare Konstruktion kann eine reizvolle Wirkung haben. Darüber hinaus sind die Ständer auch ideale Festpunkte zum Einbau von Zwischenwänden. Die oft weiteren Abstände der Sparren beim Pfettendach bieten die Möglichkeit, auch größere Dachflächenfenster einzubauen.

5 Pfettendach: System aus Stielen, Pfetten und Sparren.

6 Ein typischer Pfettendachstuhl vor dem Umbau.

7 Ein ausgebauter Pfettendachstuhl mit sichtbaren Sparren und daraufliegender Schalung. In der Hausmitte wurde die Dachdekkung durch Glas ersetzt, wodurch ein wintergartenähnlicher Terrassenbereich entstand.

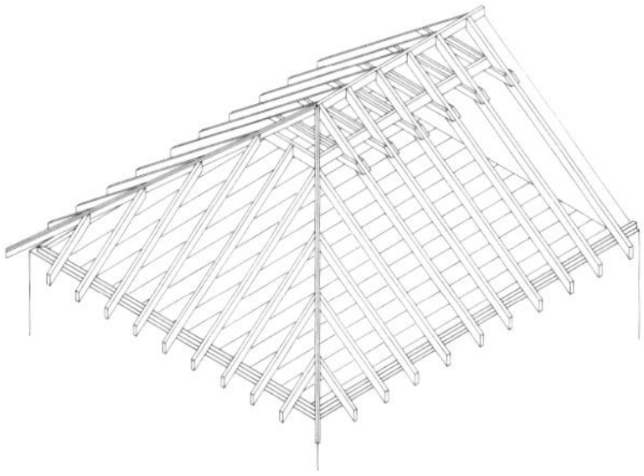

Walmdach

△ 8 △ 9 ▽ 10

Eine Variante des Satteldaches ist das Walmdach, dessen Dachflächen allseitig geneigt sind. Das Dach legt sich wie ein Hut über den ganzen Hausgrundriß. Die Tragkonstruktion des Walmdaches ist immer ein Pfettendach. Die Belichtung des Dachbodens kann beim Walmdach nur durch Gauben oder liegende Dachflächenfenster erreicht werden. Gerade Wandaußenflächen wie beim Giebel-Satteldach sind nicht vorhanden. Sie können nur nachträglich als Kniestock im Innenbereich eingezogen werden.

8 Walmdach mit aussteifendem Kehlbalken.

*9 Das Walmdach mit den bereits hergestellten Öffnungen für die Belichtung.
Architekt: Galda und Kaiser, Braunschweig*

*10 Die große Höhe des alten Walmdaches konnte für den Einbau einer zusätzlichen Galerieebene genutzt werden.
Architekt: Galda und Kaiser, Braunschweig*

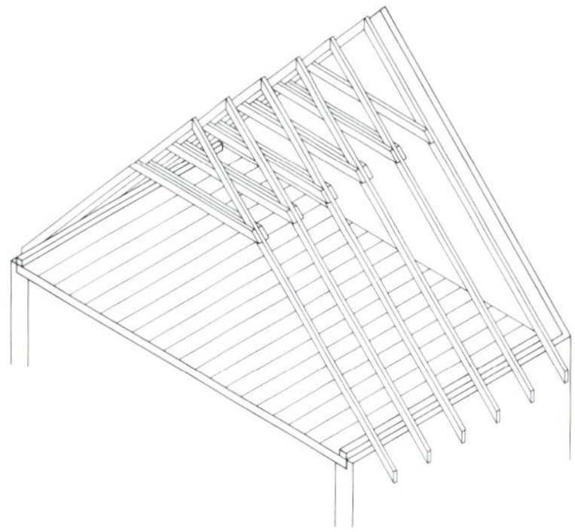

Sparrendach

△ 11

△ 12

▽ 13

Das Sparrendach ist gekennzeichnet durch einen stützenlosen Dachraum. Die Lasten werden ausschließlich auf die Außenwände übertragen. Bei überlangen Sparren steift der Kehlbalken die Dachkonstruktion zusätzlich horizontal aus. Auch dieses konstruktive Element kann in die Gestaltung des Innenraumes einbezogen werden.

11 Sparrendach mit aussteifendem Kehlbalken.

12 Ein Sparrendach, links noch abgedeckt, rechts schon mit der sichtbar bleibenden Schalung belegt. Diagonal zu den Sparren laufende Windrispen steifen den Dachstuhl in Längsrichtung aus.

13 Das Sparrendach nach dem Ausbau mit den sichtbar belassenen Kehlbalken.

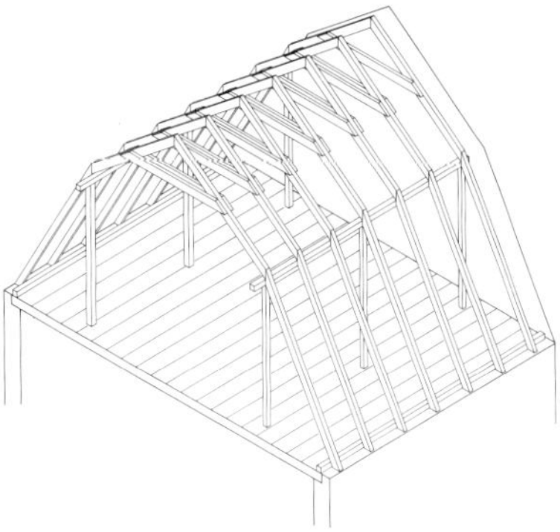

Mansarddach

△ 14 △ 15 ▽ 16

14 Mansarddach mit symmetrischer Tragstruktur und den verschieden geneigten Dachflächen, von denen sich die untere besonders gut für den Einbau von Dachfenstern eignet.

15 Altes Mansarddach mit neuer Blechdeckung und den eingeschnittenen, fast raumhohen neuen Dachgauben.
Architekt: Völkner und Partner, München

16 Die Abbildung zeigt alle charakteristischen Elemente des Mansarddaches: Die Stielkonstruktion, die steil geneigte Dachfläche mit den neuen Dachfenstern und den Treppenstufen zur eingezogenen Galerie.
Architekt: Behrend und Schubert, Hamburg

Eine besonders gute Ausnutzung des Dachraumes bietet das konstruktiv aufwendigere Mansarddach, dessen Dachflächen jeweils in Kopfhöhe einmal abgeknickt sind. Ein Teil der Dachflächen wird so zur leicht geneigten Außenwand. Auch bei diesem Dachtyp sind meistens tragende Stiele unvermeidbar.

Asymmetrisches Mansarddach

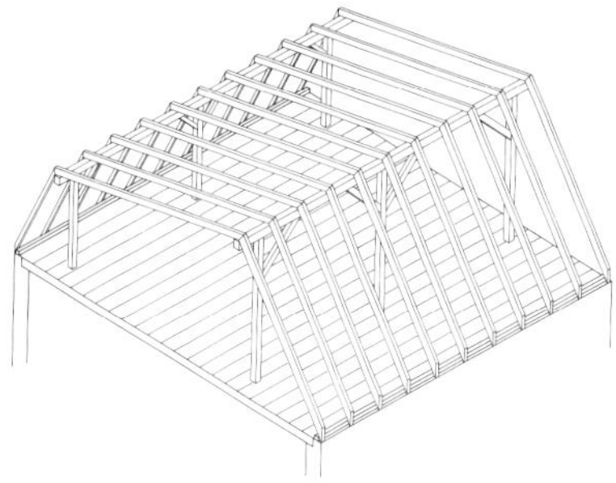

△ 17

△ 18

▽ 19

Es ist eine Variante des Mansarddaches mit unterschiedlich geneigten Dachflächen, eine Dachform, die man häufig bei mehrgeschossigen Wohnhäusern in Großstädten findet. Zumeist ist die zur Straßenseite ausgerichtete Dachfläche steiler, anschließend folgt eine flach geneigte und zur Rückseite wieder eine steil geneigte Dachfläche. So entsteht zur Straßenseite hin der Eindruck eines stark geneigten Daches, wobei die flach geneigte große mittlere Dachfläche eine hohe Raumausnutzung ermöglicht.

17 Asymmetrisches Mansarddach, dessen steile, zur Straße geneigte Dachfläche üblicherweise mit Dachziegeln belegt ist, während der Mittelteil als Flachdach ausgebildet ist. Deutlich ist die hohe Ausnutzbarkeit des Daches zu erkennen.

18 Das asymmetrische Mansarddach vor dem Ausbau. Die Straßenseite ist aus optischen Gründen mit Ziegeln gedeckt, der flache Teil hat eine hier – sichtbar durchfeuchtete – Schalung zur Aufnahme der alten Dachhaut aus Teerpappe.

19 Ein Beispiel für die gute Ausnutzbarkeit der steil geneigten Dachfläche durch nahezu raumhohe Gauben. Architekt: Rudolf Graf, München

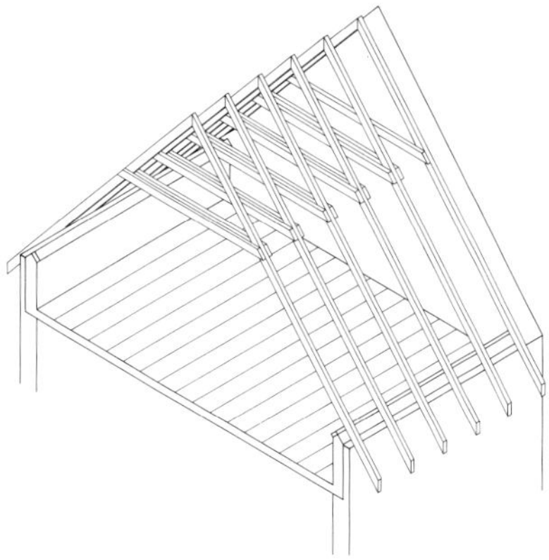

Drempel (Kniestock)

△ 20 △ 21 ▽ 22

20 Drempel: Die Zeichnung zeigt einen vorhandenen konstruktiven Drempel, mit dem die Kopfhöhe und die Ausnutzbarkeit des Daches erhöht wird.

21 Bei diesem Dachboden ist der Drempel gleichzeitig die Brüstung des Gaubenfensters.

22 Nachträglich eingebauter Kniestock zur Schaffung senkrechter Stellflächen.
Architekt: Behrend und Schubert, Hamburg

Eine bessere Ausnutzung des Daches, vor allem bei schwachen Neigungen, ermöglicht der Drempel, auch Kniestock genannt. Der Drempel als vertikale Verlängerung der Außenwandflächen hebt die gesamte Dachkonstruktion zumeist um circa einen Meter über den Fußboden des Dachraumes an, so daß die Kopfhöhe größer wird. Der später eingezogene Kniestock dagegen verändert die Höhen nicht, sondern man schafft mit ihm lediglich gerade Wandflächen zwischen Dachboden und geneigter Wandfläche.

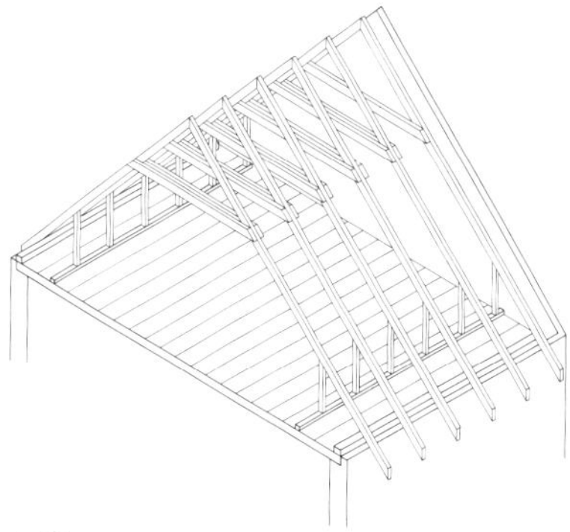

△ 23

△ 24

▽ 25

23 Kniestock: Die Zeichnung zeigt eine Kniestockkonstruktion, bei der die Stiele der Kniestockwand jeweils an die Sparren anschließen.

24 Der Kniestock als Brüstungselement.

25 Der Kniestock als senkrechte Wand zur Aufnahme der Heizkörper. Architekt: Gatermann und Schossig, Köln

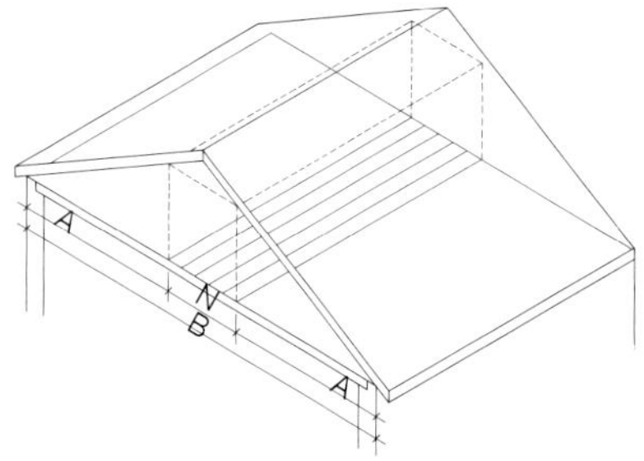

26 30 Grad-Dach: für den Ausbau nicht geeignet.
A = abzuziehende Fläche, da Raumhöhe kleiner als 2,30 m; B = Hausbreite; N = nutzbare Fläche, da Raumhöhe größer oder gleich 2,30 m.

Dachneigung

Die Neigung der Dachflächen und die Hausbreite entscheiden darüber, ob und in welchem Maße der Dachraum genutzt werden kann. Entsprechend der jeweiligen Landesbauordnung muß die Hälfte des Dachbodens mindestens 2,30 Meter hoch sein. Andernfalls wird die Genehmigung zum Ausbau des Daches zu Wohnzwecken nicht erteilt.

Bei der Wohnflächenberechnung für Miete oder Kauf werden alle Flächen mit einer lichten Raumhöhe von 2,0 Metern voll, alle Flächen, bei denen der Abstand vom Boden bis zur Dachschrägung zwischen einem und zwei Metern beträgt, nur zur Hälfte angerechnet (siehe Übersichtszeichnung). Je steiler die Dachneigung und je größer die Hausbreite ist, desto größer ist auch die nutzbare Fläche. Dächer, deren Neigung weniger als 35 Grad beträgt, eignen sich nicht zum Ausbau, es sei denn, sie werden insgesamt angehoben und auf einen Drempel gesetzt (siehe Tabelle).

Dachneigung / Hausbreite B		30°	45°	50°
12 m	2×A (m)	7,97	4,60	3,86
	N (m)	4,03	7,40	8,14
10 m	2×A (m)	7,97	4,60	3,86
	N (m)	2,03	5,40	6,14
8 m	2×A (m)	7,97	4,60	3,86
	N (m)	0,03	3,40	4,14

29 Übersicht der nutzbaren und für Baurecht und Vermietung anrechenbaren Flächenanteile.
N = voll anzurechnende Nutzfläche, da die Raumhöhe größer oder gleich 2,30 m ist und mindestens 50% der Grundfläche beträgt; X = voll anzurechnende Wohnfläche; Y = halb anzurechnende Wohnfläche. ▷

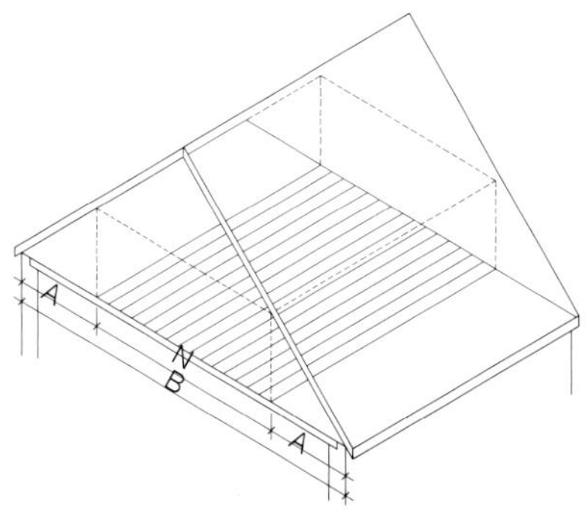

27 45 Grad-Dach: Die nutzbare Fläche wird sichtbar größer.
A = abzuziehende Fläche, da Raumhöhe kleiner als 2,30 m; B = Hausbreite; N = nutzbare Fläche, da Raumhöhe größer oder gleich 2,30 m.

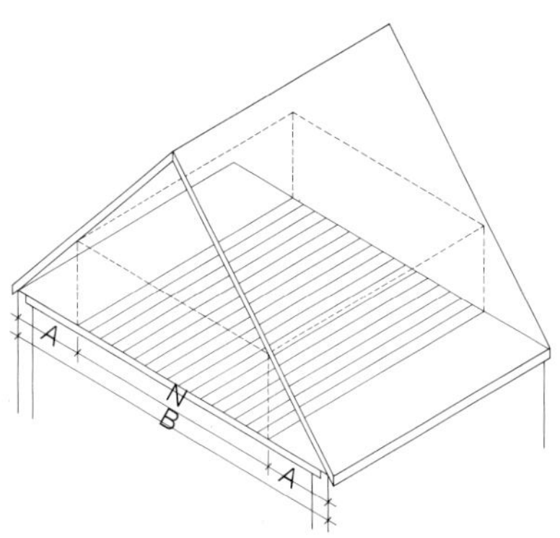

28 50 Grad-Dach: Die häufig anzutreffende Dachneigung mit guter Ausnutzbarkeit.
A = abzuziehende Fläche, da Raumhöhe kleiner als 2,30 m; B = Hausbreite; N = nutzbare Fläche, da Raumhöhe größer oder gleich 2,30 m.

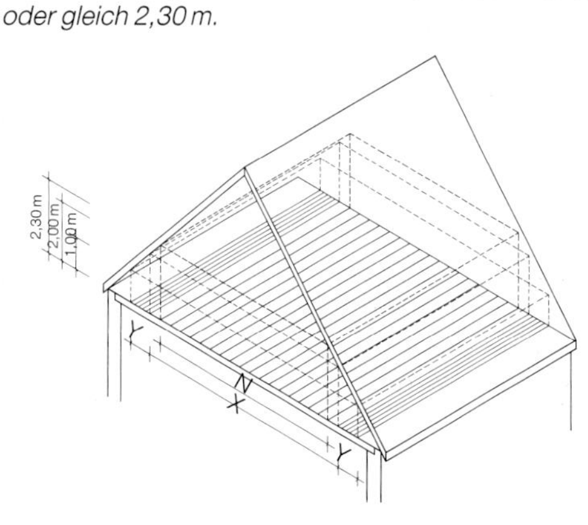

BAURECHT

Schon viele Bauherrenträume sind an der Realität der Bauordnungen und ihrer zahlreichen Vorschriften gescheitert. Inzwischen aber gibt es die reale Wohnungsnot, und sie wird zur Freude von Bauherren, Hauseigentümern und Architekten ernster genommen als der letzte Brandschutzparagraph. Das heißt natürlich nicht, daß nun plötzlich alles erlaubt wäre. Im Gegenteil. Grundsätzlich gilt: Der Einbau einer oder mehrerer abgeschlossener Wohnungen in einen vorhandenen, leeren Dachraum bedeutet eine Nutzungsänderung und ist baugenehmigungspflichtig, das heißt, es muß ein Bauantrag durch einen Planvorlageberechtigten eingereicht werden.
Um unnötige Planungskosten zu vermeiden, sollte das Bauvorhaben mit der zuständigen Bauaufsichtsbehörde vor Beginn der Planung abgestimmt und die Aussichten auf Realisierung geklärt werden. Gegebenenfalls ist ein Bauvorbescheid zu beantragen, der schon einmal grundsätzlich die Genehmigungsfähigkeit bestätigt, jedoch keine Rechtsgültigkeit hat, das heißt, mit dem Baubeginn muß bis zum positiv entschiedenen Bauantrag gewartet werden. Aber die Planung kann schon einmal beginnen.
Besondere Bedeutung haben aus gutem Grund die Anforderungen des Brandschutzes für das Bauvorhaben, die sich, regional unterschiedlich, in ständiger Weiterentwicklung befinden.
Bisher scheiterten viele Bauvorhaben vor allem an diesen nur schwer zu nehmenden Hindernissen:

Geschoßflächenzahl

Sie gibt die Höchstgrenze für das Verhältnis zwischen Grundstücksgröße und Bruttogeschoßfläche des ganzen Hauses an. Bisher durften Dächer nicht ausgebaut werden, wenn die Geschoßflächenzahl dadurch überschritten wurde. Ab Januar 1990 ist diese Einschränkung aufgehoben. Danach dürfen Dachgeschosse auch dann zu Wohnungen ausgebaut werden, wenn die zulässige Geschoßfläche bereits durch die Vollgeschosse des Hauses ausgenutzt ist.

Grundfläche und lichte Raumhöhe

Aufenthaltsräume müssen eine für die jeweilige Nutzung ausreichende Grundfläche haben, das heißt mindestens 6 Quadratmeter. Die lichte Raumhöhe von Aufenthaltsräumen muß mindestens 2,40 Meter betragen. Eine lichte Raumhöhe von 2,30 Metern kann zugelassen werden, wenn wegen der Belichtung und Belüftung keine Bedenken bestehen. Sie muß dann aber mindestens über die Hälfte der Grundfläche einer Wohnung vorhanden sein.

Brandschutz

Die schwerwiegendsten Einschränkungen ergeben sich aus den Vorschriften des Brandschutzes. Dabei macht der Ausbau eines Daches in einem Einfamilienhaus brandschutztechnisch keine Schwierigkeiten. Bei Mehrfamilienhäusern sind die Auflagen wesentlich schwerer zu erfüllen. In Gebäuden mit zwei und mehr Vollgeschossen unterhalb des Dachraumes müssen Wände, Decken und Dachschrägen von Aufenthaltsräumen der Dachwohnung mindestens feuerhemmend (F 30) ausgebildet werden. Trennwände zwischen Dachwohnungen sind feuerbeständig (F 90) auszuführen. Bei Gebäuden mit mehr als fünf Vollgeschossen unterhalb des Dachraumes sind auch die Decken in feuerbeständiger Bauart auszuführen.

Erschließung und Fluchtwege

Jede abgeschlossene Dachwohnung muß über den vorhandenen Treppenraum des Hauses oder einen eigenen Treppenraum erschlossen werden. Diese Erschließung gilt als erster Rettungsweg. Als notwendiger zweiter Rettungsweg gilt für jede selbständige Wohneinheit ein von der Feuerwehr erreichbares Fenster mit einer lichten Größe von 0,90/1,20 Metern. Für Rettungswege in Maisonettewohnungen oder Galerien gelten Vorschriften, die mit dem Bauamt zu klären sind, da es unterschiedliche Interpretationen über den Status einer Galerie im Hinblick auf die »Aufenthaltsraumfähigkeit« gibt.

Aufzüge

Normalerweise müssen Gebäude mit mehr als fünf Vollgeschossen über einen Aufzug verfügen. Beim Ausbau des Daches in solchen Gebäuden kann aber auf den Einbau eines Aufzugs verzichtet werden.

Parkplätze

Grundsätzlich ist für jede Wohnung ein eigener Stellplatz nachzuweisen, also auch für die nachträglich eingebaute Dachwohnung. Diese zusätzlich notwendigen Parkplätze lassen sich aber auch durch Zahlung eines Ablösebetrages an die Gemeinde zur Bereitstellung von öffentlichen Parkplätzen nachweisen. Befreiungen von dieser Verpflichtung können erteilt werden, wenn Bauvorhaben zur Schaffung zusätzlichen Wohnraumes unter dem Dach sonst überhaupt nicht durchgeführt werden könnten. Auch hier also besteht Spielraum für Verhandlungen mit dem Bauamt.

Äußere Erscheinungsform

Ist der Einbau der Dachwohnung mit einer Änderung der äußeren Erscheinungsform verbunden, zum Beispiel durch den Einbau von Dachgauben, so ist zu prüfen, ob möglicherweise Gestaltungssatzungen oder Festsetzungen in einem Bebauungsplan dem entgegenstehen. Bei denkmalgeschützten Häusern sind die Auflagen der Landesämter für Denkmalschutz häufig nahezu unüberwindbare Hindernisse für eine Nutzungsänderung und für die damit verbundene Änderung der äußeren Erscheinungsform.

Die Auflistung dieser wichtigsten baurechtlichen Vorschriften mag erst einmal entmutigend klingen. Ein im Umgang mit Dachausbauten erfahrener Architekt aber weiß: Es ist alles Verhandlungssache. Und wenn das Bauvorhaben endgültig zu scheitern droht, dann hilft vielleicht noch der Vorschlag, es einfach zum Kunstwerk zu erklären. Auch das hat schon Erfolg gehabt.

DAS ALTE DACH – DIE BESTANDSANALYSE

Vor dem Erwerb oder der Anmietung eines alten Dachbodens sollte man neben allem Enthusiasmus auch die nötige Vorsicht walten lassen, die bei jedem alten Haus geboten ist. Ein mit Dachausbauten erfahrener Architekt kann sehr schnell feststellen, wie es – neben den planerischen Möglichkeiten – um die Substanz des Dachbodens bestellt ist und ob sich der Aufwand einer gründlichen Bestandsanalyse lohnt. Ist das der Fall, wird er mit dem Statiker und den wichtigsten Gewerken, dem Holzschützer, Dachdecker, Klempner, Heizungsbauer und dem Schornsteinfeger eine ausführliche Begehung der zukünftigen Baustelle durchführen, um vor der eigentlichen Ausschreibung schon einmal die möglichen Risiken kalkulierbar zu machen und einen ersten Kostenrahmen abstecken zu können, der über eine große Quadratmeter- oder Kubaturpreisberechnung hinausgeht.
Die folgenden Fragen gilt es bei der technischen Bestandsanalyse zu klären:

1. Ist die Tragkonstruktion des Dachstuhls unverändert geblieben oder sind schon Eingriffe vorgenommen worden, wie zum Beispiel das Heraustrennen von Pfosten oder aussteifenden Windrispen? Das statische System des Dachstuhls muß die Lastabtragung auch der neuen Nutzung gewährleisten. Ein versierter Statiker sieht sofort, welche eventuell fehlenden Bauteile zu ergänzen oder zu verstärken sind.

2. Sind die tragenden Hölzer, Pfosten, Pfetten, Sparren, Dachlatten, Deckenbalken, Balkenköpfe im Mauerwerk und in den Dielen des Bodens frei von Durchfeuchtungen und Schädlingsbefall? Durchfeuchtungen entstehen meist durch Undichtigkeiten in der Dachdeckung und ihren Anschlüssen. Diese sind zunächst zu sanieren, völlig durchfeuchtete Bauteile auszuwechseln. Bei Schädlings- und Fäulnisbefall lassen sich die Holzteile chemisch behandeln, bei Hausschwamm müssen die befallenen Teile ausgewechselt werden. Im Zweifelsfalle ist immer ein Holzschutzfachmann hinzuzuziehen, der Art und Umfang der Sanierung abschätzt.

3. Sind Metallverbindungen wie Bolzen, Schrauben und Nägel bereits vom Rost angegriffen? Da diese Teile für den Bestand des Dachstuhls wichtig sind, müssen sie entweder entrostet und neu behandelt oder aber gänzlich erneuert werden.

4. Verfügt der Dachboden über eine ausreichende Tragfähigkeit für die neue Nutzung? Die statische Überprüfung des Bestandes kann ergeben, daß der Dachboden nur für geringe Belastungen vorgesehen war. Die geplante neue Wohnnutzung setzt dann Verstärkungen der vorhandenen Dachbalken oder den Einbau zusätzlicher Deckenbalken voraus.

5. Ist die alte Dachdeckung bereits löcherig, oder sind nur einzelne Pfannen von der Witterung teilweise oder ganz zerstört worden, beziehungsweise durch vielmaligen Frostwechsel zu Scherben verwittert? In diesem Fall reicht die Sanierungsmaßnahme vom Ausbessern bis hin zu einer völlig neuen Dachdeckung, in deren Verlauf man gleichzeitig Feuchtigkeitssperren und Wärmedämmung einbauen kann. Teilweises Ausbessern eines Daches ist häufig schwierig, weil die alten Ziegelformate nicht mehr zur Verfügung stehen.

6. Sind die Blei- und Zinkanschlüsse der Dachdeckung an Schornsteinen, Dachfenstern und aufgehenden Mauern noch intakt und die Regenrinnen und Fallrohre eventuell korrodiert und undicht? Die Dachdeckung ist nur so dicht, wie es auch ihre Anschlüsse sind, die schnelle Wasserableitung nur möglich, wenn Rinnen und Fallrohre sich in einwandfreiem Zustand befinden. Auch hier ist das teilweise Auswechseln nur eine Maßnahme auf Zeit und kostenintensiv. Eine gänzliche Erneuerung bietet größere und langfristige Sicherheit, zumal sich Undichtigkeiten in der Dachhaut häufig erst mit langer zeitlicher Verzögerung bemerkbar machen und zwischenzeitlich schon erhebliche Schäden eingetreten sein können.

7. Werden die alten vorhandenen Schornsteine noch genutzt oder sind sie bereits baufällig und versottet? Alte, nicht mehr benutzte Schornsteine sind häufig vor allem oberhalb der Dachdeckung von Feuchtigkeit stark angegriffen, dadurch gerissen und baufällig. Werden sie für die neue Dachwohnung nicht benötigt, sollte man sie abtragen. Sollen sie jedoch für die neue Gasheizung unter dem Dach oder für den Anschluß eines offenen Kamins genutzt werden, so sind sie in Absprache mit dem zuständigen Schornsteinfegermeister zu erneuern oder mittels Einsätzen zu sanieren.

Erst nach Abschluß einer solchen gründlichen Bestandsaufnahme des alten Dachbodens ist das Ausmaß der Sanierungsmaßnahmen abzusehen und die Frage zu beantworten »lohnt es sich«?

30 Die typische Situation: Der Dachboden eines Mehrfamilienhauses bei der ersten Begehung. Auch wenn der bauliche Zustand vielversprechend aussieht, Dachstuhlgebälk und Deckung leicht prüfbar sind, so ist bei der Bestandsanalyse besonders zu prüfen, wie es mit der Deckenkonstruktion unter den Dielen aussieht.

ENTSCHEIDUNGSHILFE FÜR KAUF ODER MIETE EINES DACHBODENS

Nach Beantwortung dieses Kataloges läßt sich die Entscheidung für oder gegen das angebotene Objekt leichter treffen. Darüber hinaus soll der Katalog zur Klärung und Überprüfung der eigenen Planungsabsichten beitragen.

Fragenkatalog	möglich	erforderlich	geschätzte Kosten
1. Standort			
Gesuchte Wohnlage – Land, Stadt, Stadtteil			
Erreichbarkeit – Arbeitsplatz, Wohnung, Verkehrsmittel			
Infrastruktur – Läden, kulturelle Einrichtungen, Parkplätze, Freizeit			
Wohnqualität – Lärm, Luft, Gebäudehöhe, Ausblick, architektonische Qualität			
2. Dachform			
Dachneigung und Ausnutzbarkeit – Nutzfläche mit Raumhöhe über 2 Meter			
Dachkonstruktion – Einengung für die Planung durch Stützen, Wände, Schornsteine			
Belichtung und Belüftungsmöglichkeiten			
Möglichkeiten zum Einbau oder Ausbau einer Dachterrasse			
Statische Gegebenheiten der vorhandenen Konstruktion			
3. Bestand			
Statische Gegebenheiten der letzten Geschoßfläche			
Zustand der Tragkonstruktion, der Dachdeckung und ihrer Anschlüsse			
Zustand und Nutzbarkeit der Schornsteine			
Beschaffenheit des Fußbodens			
4. Baurecht			
Genehmigungsfähigkeit – notwendige Dachgeschoßhöhe			
Erschließung und Rettungswege			
Stellplätze oder Ablöse			
Brand-, Schall- und Wärmeschutzauflagen			
Belichtung und Belüftung			

Fragenkatalog	möglich	erforderlich	geschätzte Kosten
5. Planung			
Bauaufnahme – Aufmaß des Dachbodens			
Bestandsstatik			
Installationen			
Anschlußmöglichkeiten und Arten für Gas, Wasser, Heizung, Elektro, Antenne			
Grundrißorganisation			
eingeschossig – zweigeschossig			
offen – geschlossen			
Raumgrößen und Raumformen			
Raumzusammenhänge			
Tragkonstruktion			
sichtbar – verkleidet			
notwendige Eingriffe			
Materialwahl			
Dachdeckung, Decken, Fußböden, Wände, Dämmstoffe (Baubiologie)			
Gestaltung			
Eingriffe in die äußere Erscheinungsform, innere Erscheinungsform von Grundriß und Materialoberflächen			
Baugenehmigungspläne			
Ausschreibung und Kostenanschlag			
Baustelleneinrichtung			
Baudurchführung			
6. Kosten und Rentabilitätsrechnung			
Anschaffungskosten			
Bau- und Baunebenkosten			
Wohnnebenkosten (Verwaltung, Hausmeister, Reparaturrücklage)			
Kalkulatorische Miete			
Steuerliche Beratung			
Finanzierungsberatung			

GRUNDRISSORGANISATION

Für die Planung der neuen Dachgeschoßwohnung ist es unerläßlich, ein genaues Aufmaß anzufertigen, da es in der Regel bei den alten Häusern keine vermaßten Planunterlagen der Dachgeschoßebene gibt. Das Aufmaß läßt sich dann nur dadurch erleichtern, daß man den Grundriß der obersten Wohnebene der Vermaßung zugrunde legt. Die alten Planunterlagen lassen sich entweder beim Hauseigentümer ausleihen oder bei der Bauprüfabteilung des zuständigen Bauamtes einsehen und kopieren.

Aufzumessen sind Länge und Breite des entrümpelten Dachbodens, wobei alle konstruktiv wichtigen Bauteile wie die Stützen der Dachkonstruktion, Schornsteine, Abstände der Dachsparren untereinander und die Lage der Hauptzugangstreppe zum Dachboden zu vermaßen sind, also alle Bauteile, die den Grundriß in irgendeiner Weise bestimmen oder beeinträchtigen können. Ferner ist beim Aufmaß festzuhalten, wo in der darunterliegenden, letzten »normalen« Wohnung Bäder und Küchen angeordnet sind, damit jene Punkte festliegen, an denen man Installationen anschließen kann.

Nachdem das Aufmaß in der Fläche fertiggestellt ist, sollten auch die Höhen ermittelt werden, die die Nutzungshöhen bestimmen bzw. eingrenzen. Die Höhe des Drempels, die vorhandene Dachneigung, die freie Kopfhöhe von mindestens 2,00 Metern und die Höhe von 2,30 Metern sind wichtige Daten für die weitere Planung. 50% der Grundrißfläche muß die Raumhöhe von 2,30 Metern haben, um als vollwertige Wohnung zu gelten.

Nach diesem Aufmaß liegt die zur Verfügung stehende, nutzbare Grundrißfläche fest, und es kann mit der Planung, das heißt mit der Anordnung der gewünschten Räume begonnen werden. Ausgangspunkt für den Grundriß der Dachwohnung ist das durch das ganze Haus gehende Treppenhaus, von dem sie erschlossen wird. Wohn- und Schlafräume sollten nach den bevorzugten Himmelsrichtungen ausgerichtet, die Feuchträume Bad und Küche in der Nähe von Feuchträumen der darunterliegenden Wohnung angeordnet werden. Dadurch wird das horizontale Verlegen von Leitungen weitgehend vermieden und die Installation von Wasser, Abwasser und Heizung erleichtert.

Bei der Grundrißplanung sollten alle tragenden vorhandenen Teile der Dachstuhlkonstruktion, wie zum Beispiel Stützen, unangetastet bleiben, um das statische Gefüge nicht zu stören. Alle konstruktiven Veränderungen, wie Auswechslungen und Abfangungen sind kostenintensiv und bedingen einen rechnerischen Nachweis durch den Statiker. Aber der Erhalt zum Beispiel eines Ständerwerks im Pfettendachstuhl ist ja nicht nur eine statische Notwendigkeit, sichtbare Holzstützen gliedern auch den Raum. Sie zeigen den Gegensatz von Alt und Neu, und das Sichtbarlassen oder auch das Betonen der Konstruktion machen oft den besonderen Reiz einer Wohnung unter dem Dach aus.

Das geneigte Dach bietet weit mehr als die geraden Wände einer Etagenwohnung vielfältige Möglichkeiten, mit offenen, hohen Raumbereichen zu spielen, unterschiedliche Raumhöhen zu betonen, die Schrägen einzusetzen, Galerien einzuziehen, Inseln für den offenen Küchenbereich zu schaffen, die Räume in besonderem Maße zu belichten über Gauben, Dachflächenfenster oder ganz verglaste Dachteile, die großflächig den Blick in die Wolken freigeben. Inzwischen hat die Vielzahl der eingebauten Dachfenster- und Schrägfassadensysteme gezeigt, daß der Durchbruch durch das Dach kein besonderes bautechnisches Problem mehr darstellt.

Besondere Überlegungen erfordert die Planung der Sanitär- und Heizungsinstallation. Die Warmwasserversorgung von Bad und Küche kann zentral aus dem Keller erfolgen, besser ist jedoch die Versorgung durch Einzelgeräte in der Dachwohnung. Dadurch entfallen lange Wege für das heiße Wasser, und in die Dachwohnung muß lediglich eine Kaltwasserleitung verlegt werden.

Die Beheizung der Dachwohnung kann ebenfalls zentral vom Keller aus erfolgen, durch eine Gastherme in der Wohnung oder durch eine Elektroheizung. Geprüft werden sollte auch die Möglich-

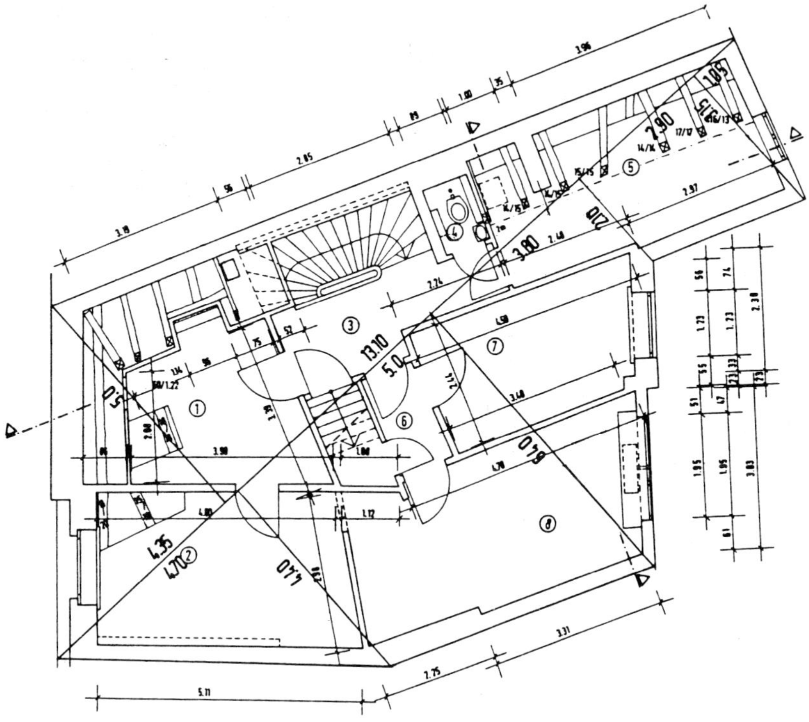

31 Aufmaßplan eines verwinkelten Dachbodens mit Hilfsachsen, Maß- und Materialangaben aller Wände, Einbauten, Treppen und Schornsteine.

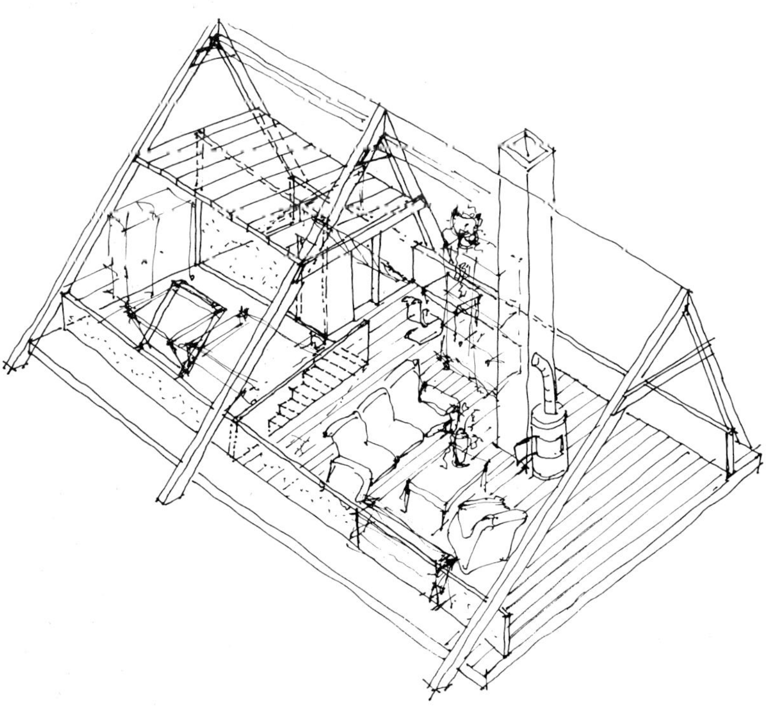

*32 Skizze eines einfachen Satteldachausbaus mit einem bis zum First geöffneten Wohnraum – erste Erläuterung der Planungsabsichten für den Bauherrn.
Architekt: Hans-Jürgen Steuber, Frankfurt*

36 Das Foto zeigt den Innenraum, dessen Grundriß Abbildung 35 wiedergibt. Eine solche Raumqualität kann nur ein Dachgeschoß bieten: Zeltartig erhebt sich der Wohnraum im vorderen Bereich auf über acht Meter Höhe. Das gänzlich offene Gefüge dieser Einraumwohnung wird wirkungsvoll durch die Lichtführung im Hell-Dunkelbereich, durch die Galerie und die angedeuteten Zonen im Eingangsbereich gegliedert.
Architekt: AIS Hamburg ▷

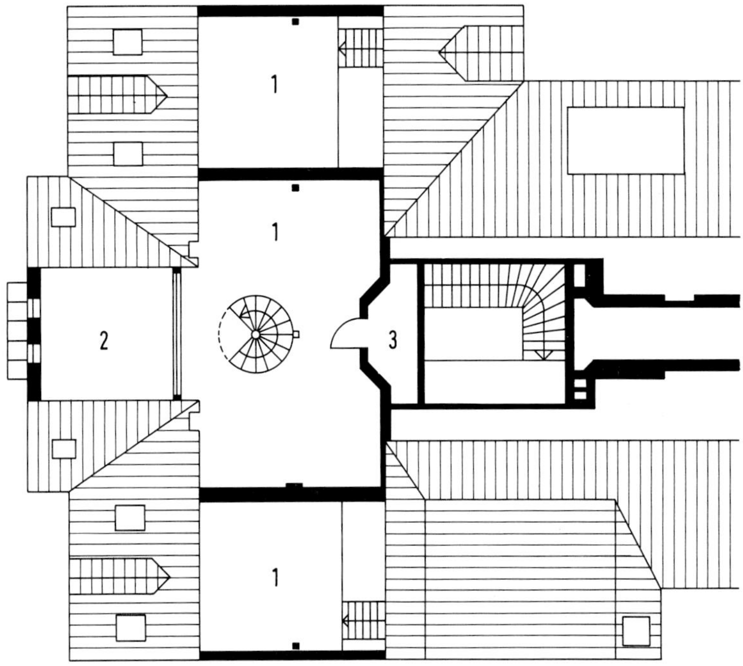

33 Die Galerieebene. Blick in den hohen Innenraum der mittleren Wohnung mit Galerie und Treppe.
1 Galerie, 2 Luftraum, 3 Abstellraum.
Maßstab 1:200
Architekt: AIS, Hamburg

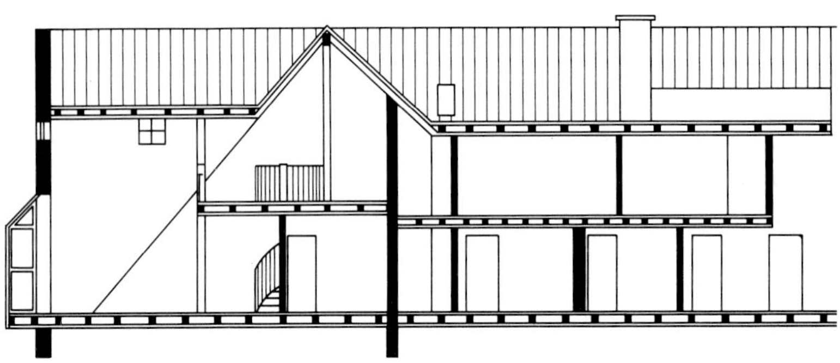

34 Der Schnitt zeigt, wie die Galerien erschlossen werden. Sie brauchen in diesem Fall keinen Fluchtweg zum Haupttreppenhaus – eine großzügige Auslegung der Brandschutzbestimmungen.
Architekt: AIS, Hamburg

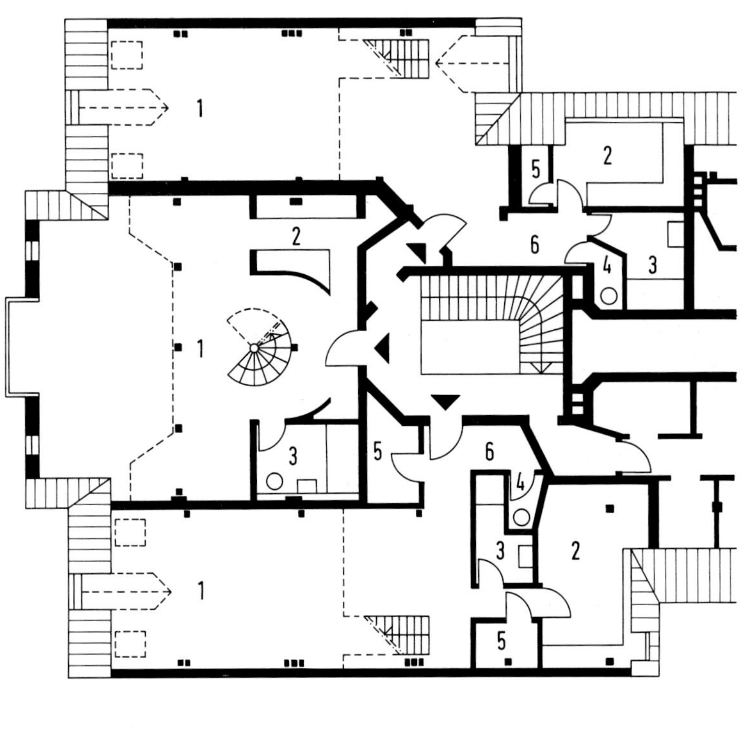

35 In den alten Dachboden mit seinem noch erkennbaren konstruktiven Gefüge aus tragenden Stützen und Wänden sind drei zweigeschossige Wohnungen eingebaut worden. Sie werden von dem vorhandenen Treppenhaus aus erschlossen, wobei der Aufzug für das mehrgeschossige Wohnhaus in dem darunterliegenden Geschoß endet.
1 Wohnen, 2 Küche, 3 Bad, 4 WC, 5 Abstellraum, 6 Flur.
Maßstab 1:200
Architekt: AIS, Hamburg

keit der Montage von Sonnenkollektoren auf dem Dach für die Warmwasserbereitung. Auch hier gibt es inzwischen Systeme, die bei richtigem Einsatz einen hohen Wirkungsgrad haben und darüber hinaus auch gestalterisch vertretbar sind – klobige schwarze Kästen auf dem alten Ziegeldach müssen ja nicht sein.
Abschließend die Frage, braucht der Bauherr für den Umbau seiner Dachgeschoßwohnung eigentlich einen Architekten? Auch wenn viele Dachwohnungen ohne Architekten geplant und ausgebaut werden – hierbei handelt es sich meist um kleine Lösungen, wie zum Beispiel der vorgeplante Dachausbau eines Fertighauses oder die Schaffung nur eines zusätzlichen Wohnraumes im Dachboden eines Einfamilienhauses, bei dem das Erscheinungsbild des Hauses nicht verändert wird – bei größeren Umbauten zu vollwertigen Wohnungen, die auch einmal wieder verkauft oder neu vermietet werden sollen, ist es immer ratsam, einen Architekten mit der Planung und Durchführung der Baumaßnahme zu beauftragen. Seine planerische Erfahrung führt nicht nur zu besseren gestalterischen Lösungen, der Architekt klärt auch alle statischen und baurechtlichen Probleme, er erstellt eine Baukostenübersicht, vergibt die Aufträge zu marktüblichen Preisen an erfahrene Firmen, sorgt für den richtigen terminlichen Ablauf von bis zu zwanzig Gewerken auf der Baustelle und er haftet auch für seine Planung. Bei Unstimmigkeiten mit den ausführenden Firmen sorgt er im Namen des Bauherrn für Klärung, setzt Gewährleistungsansprüche durch und sorgt für eine korrekte Abrechnung aller Baukosten.
All diese Leistungen von der Bauwerksbeurteilung über die Planung, den Bauantrag, die Konstruktion bis zur Bauabnahme kosten natürlich Geld. Aber jeder Bauherr sollte sich wirklich fragen, ob er ein so komplexes Thema wie den Bau einer Wohnung unter dem Dach planerisch, rechtlich und technisch allein bewältigen kann. Dagegen stehen circa 20% von der Bausumme als Honorar für den Architekten und die Gewißheit, daß die Bauherrenwünsche planerisch ideenreich umgesetzt und technisch gewissenhaft ausgeführt werden.

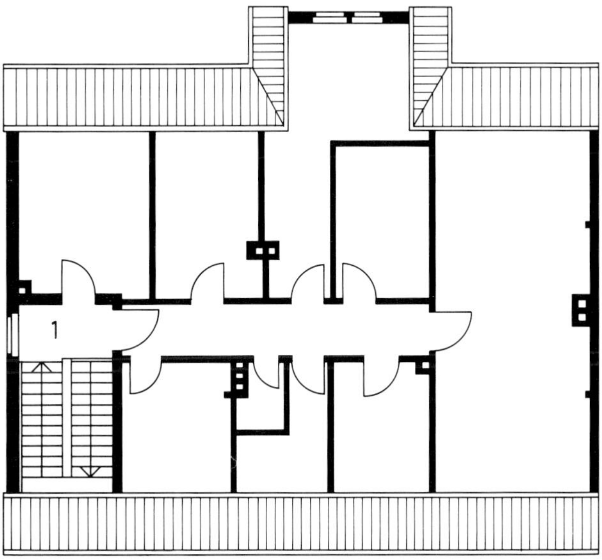

37 Bestandsplan: Der Dachboden mit gemauerten Trennwänden wurde bisher als Abstellraum genutzt.
1 Zugang zum Dachboden.
Maßstab 1:200
Architekt: Rainer Müller, Hannover

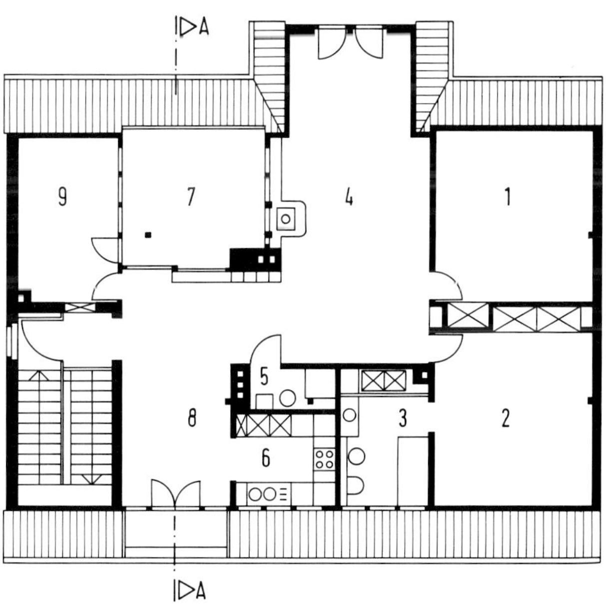

38 Neuplanung: Die meisten Wände sind zugunsten einer offenen Raumfolge entfernt worden. Bad und Küche liegen an den vorhandenen Lüftungsschornsteinen. Der zweite Schornstein wird für das offene Kaminfeuer genutzt. Die Erschließung der Wohnung erfolgt über das Haupttreppenhaus, zwischen Wohnraum und Arbeitszimmer wurde eine offene Terrasse in das Dach eingeschnitten.
1 Arbeiten, 2 Schlafen, 3 Bad, 4 Wohnen, 5 WC, 6 Küche, 7 Terrasse, 8 Essen, 9 Arbeiten.
Maßstab 1:200
Architekt: Rainer Müller, Hannover

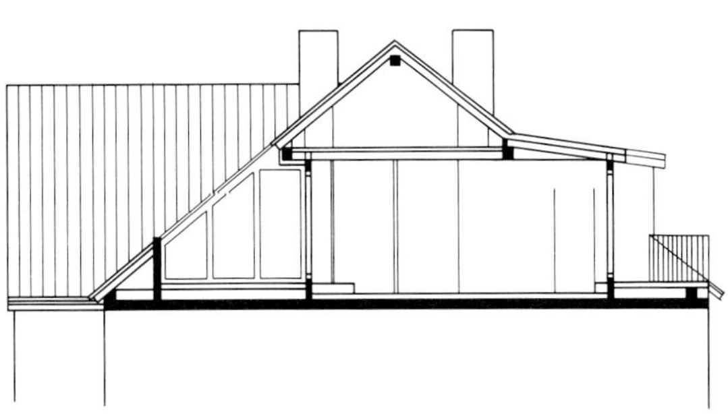

39 Schnitt A-A.
Maßstab 1:200
Architekt: Rainer Müller, Hannover

DER ROHBAU

DACHDECKUNG

Vor dem Ausbau eines Dachraumes ist in jedem Falle durch einen Fachmann abzuklären, ob die vorhandene Dachdeckung noch in gutem Zustand ist, wie lange sie nach dem Dachausbau noch ihren Dienst tun wird, wann Reparaturen anfallen werden oder ob sie aufgrund ihres Alters, ständiger Belastung durch Wind- oder Lufteinflüsse erneuerungsbedürftig ist. Die Entscheidung hierüber ist von besonderem Gewicht, da die Erneuerung der Dachdeckung mit erheblichen Kosten verbunden ist und sinnvollerweise auch gleich die Erneuerung der Dachrinnen, der Fallrohre und der Schornsteineinfassungen mit einschließt. Die notwendige Neueindeckung bietet die Möglichkeit, die bauphysikalischen Verhältnisse im Dachboden durch den Einbau einer wirksamen Wärmedämmung mit Dampfsperre und einer zusätzlichen äußeren Feuchtigkeitssperre zu verbessern und den vorgeschriebenen Anforderungen der Wärmeschutzverordnung anzupassen. Solche Dämmaßnahmen sind in einem ehemals unausgebauten Dach unumgänglich, sowohl, was den sommerlichen als auch den winterlichen Wärmeschutz angeht. Schließlich sollte die Dachschräge in etwa die Qualität einer Außenwand haben, damit der dahinterliegende Raum auch wirklich als vollwertiger Wohnraum genutzt werden kann. Nicht umsonst spricht man bei ungenügend gedämmten Dachwohnungen von »Barackenklima« – im Sommer viel zu heiß, im Winter zu kalt.

Dem Kostenaufwand einer neuen Dachdeckung steht die Wertverbesserung des Hauses gegenüber: Der neue obere Abschluß schützt jetzt sicher die darunterliegenden Bauteile wie Dachkonstruktion, Außenwände und Wohnräume. Auch wird der Wärmehaushalt des Hauses verbessert, was sich anteilig in wesentlich geringeren Heizkosten je Quadratmeter genutzter Fläche niederschlägt. Darüber hinaus kann das neue Dach auch zu einer architektonischen Verbesserung des Hauses beitragen, sei es, daß die ursprüngliche Deckung wiederhergestellt wird oder daß durch ein anderes Material – wie zum Bei-

41 Zustand vor dem Umbau mit Dachausstiegen für den Schornsteinfeger und Dachgauben und Fenstern, die nicht im Zusammenhang mit der Fassade stehen.

◁ 40 Viele Dachböden mit ausreichender Firsthöhe bieten die Möglichkeit, zusätzliche Nutzflächen auf einer Galerie zu schaffen, eine Grundrißqualität, die eine normale Geschoßwohnung nicht bieten kann. Architekt: Melzer und Meirer, Worms

42 Das umgebaute Dach nimmt in der Mittelzone Motive der Fassade auf, die kleinen Fenster sind durch größere Gauben ersetzt worden. Das Dach der großen Mittelgaube wurde als Dachterrasse ausgebildet, die durch den halbrunden Einschnitt ablesbar wird. Architekt: Kuhn und Gerlach, Köln (Abb. 41, 42)

spiel Kupfer oder Zinkblech – ein willkommener gestalterischer Akzent gesetzt wird, der dem Dach als fünfter Fassade des Hauses ein ganz neues Aussehen gibt.

Die neue Dachdeckung

Für eine neue Dacheindeckung steht eine Vielzahl von Materialien und Farben zur Verfügung. Sie reicht von Tonziegeln und Betondachsteinen mit verschiedenen Profilen bis hin zu Metalleindeckungen aus Zink-, Kupfer-, Aluminium- und Nirostablechen. Die einzelnen Dachdeckungsmaterialien stehen in einer bestimmten Abhängigkeit zur Dachneigung:

Ziegeldeckung:	von 15–90 Grad
Betondachsteindeckung:	von 15–90 Grad
Schieferdeckung:	von 25–90 Grad
Faserzementplatten:	von 6–90 Grad
Metalldeckung:	von 5–90 Grad
Glasdeckung:	von 30–90 Grad

Die am häufigsten verwendete Ziegeldeckung umfaßt eine Vielzahl von Dachsteinen unterschiedlicher Formen, die für folgende Dachneigungen geeignet sind:

Krempziegeldeckung	von 35–60 Grad
Klosterpfanne	von 30–50 Grad
Flachpfannendeckung	von 15–50 Grad
Falzziegeldeckung	von 30–50 Grad
Mönch-Nonnen-Deckung	von 30–50 Grad
Biberschwanzdoppeldeckung	von 30–90 Grad

Wird für die Neueindeckung ein vom ursprünglichen Zustand abweichendes Material eingesetzt, unterliegt diese Baumaßnahme der Genehmigungspflicht. Manchmal schreibt auch ein Bebauungsplan oder die Denkmalschutzbehörde das Dachdeckungsmaterial für Neueindeckungen zwingend vor.

Im Zuge einer neuen Dachdeckung lassen sich am einfachsten Fensteröffnungen, Terrasseneinschnitte und Dachgauben einarbeiten: das Dach muß ohnehin geöffnet werden, die Anpaßarbeiten und Anschlüsse sind leichter auszuführen,

43, 44 Den Abschluß der Umbauarbeiten – raumhohe Gauben und vorgehängter Balkon – bildet die Dachdeckung aus Metall, oben Zink, unten Kupfer, die gekennzeichnet wird durch die Struktur aus Stehfalzen. Architekt: Völkner und Partner, München

45 Dachausbau als Verlängerung der Mittelfassade mit einer Neueindeckung aus farbig beschichteten Blechen. Architekt: J. Hornemann, Greven

46 Die alte Ziegeldeckung eines Mansarddaches, die im Grat schon erhebliche Undichtigkeiten aufweist.

und der gesamte bauphysikalische Aufbau des Daches ist anschließend einheitlich.
Die Neueindeckung eines Daches erfordert unterschiedlich umfangreiche Sicherungsmaßnahmen, so zum Beispiel das Einrüsten der Fassade bis auf die Höhe der Rinne und das Abdecken des Daches mit Planen zum Schutz der darunterliegenden Räume.
Bei einer Neueindeckung gibt es zwei Möglichkeiten des Dachaufbaus, die sich im wesentlichen durch die Lage der Wärmedämmung unterscheiden und Einfluß auf die Innenraumgestaltung der Dachschräge haben:

1. Die Dachsparren sollen raumseitig abgedeckt werden, das Typische der Dachsparrenkonstruktion ist nicht länger sichtbar.
Nach Abdecken des Daches werden wahlweise Schalung, Unterspannbahn oder Hartfaserplatten auf die Dachsparren als Feuchtigkeitssperre genagelt. Konterlattung, Lattung und Dachdeckungsmaterial schließen das Dach ab. Die notwendige Wärmedämmung mit aufkaschierter Dampfsperre wird nach Abschluß dieser Arbeiten vom Dachraum aus zwischen den Sparren eingebaut. Unter den Dachsparren wird die Dachverkleidung aus Holz oder Gipskartonplatten angebracht. Die Dachsparren sind nicht mehr sichtbar.

2. Die Sparren sollen sichtbar bleiben.
Auf die Sparren des abgedeckten Daches wird eine Schalung genagelt, die auf der Unterseite gehobelt ist und sichtbar bleiben kann. Auf dieser Schalung wird die Dampfsperre aufgebracht. Darüber folgt die Wärmedämmung aus Hartschaum, abgedeckt mit einer Feuchtigkeitssperre. Konterlattung, Lattung und Dachsteine bilden den Abschluß dieses Aufbaus, der von mehreren Herstellern als komplettes Montagesystem angeboten wird. Der Vorteil eines solchen Systems ist für den Bauherrn, daß die Gewährleistungsverpflichtung in einer Hand liegt. So muß bei einem späteren Schaden nicht lange der Schuldige ermittelt werden.

47, 48 Die Notwendigkeit der neuen Dachdeckung gab die Möglichkeit zur Rekonstruktion des gesamten Daches mit den ehemals vorhandenen Fledermausgauben.
Architekt: R. Müller, Berlin

Vom Dachraum aus sind bei dem beschriebenen Aufbau die Dachsparren in vollem Querschnitt sichtbar. Sie bilden eine starke Gliederung und betonen den Dachcharakter der Wohnung.
Beide Eindeckungsarten lassen sich als *belüftete Kaltdächer* oder als *nicht belüftete Warmdächer* ausführen. Das belüftete Dach hat den Vorzug, daß bei richtiger Ausführung mit ausreichenden Belüftungsquerschnitten das Risiko der Kondensatbildung innerhalb der Dachkonstruktion relativ gering ist: der raumseits anfallende Wasserdampf durchzieht die Wärmedämmung und kann in der Luftschicht austreten und abgeführt werden.
Das Warmdach dagegen ist raumseits durch eine diffusionsdichte Wärmedämmung mit darüberliegender Dampfsperre hermetisch abgeschlossen, so daß kein Wasserdampf in die kalten Zonen des Daches gelangen und kondensieren kann. Da das Warmdach absolut dampfdicht sein muß, sind die Arbeiten besonders sorgfältig auszuführen. Die Kaschierung darf beim Einbringen keine Risse bekommen, alle Anschlüsse und Stoßfugen müssen dampfdicht verklebt werden. Neben den Nachteilen einer solchen dampfdichten Haut, die nicht »atmen« kann, hat das Warmdach den Vorteil, daß mögliche Zugerscheinungen durch die Dachbelüftung und damit Wärmeverluste vermieden werden, und daß die Funktion des Daches nicht von der einwandfreien Durchlüftung abhängig ist.

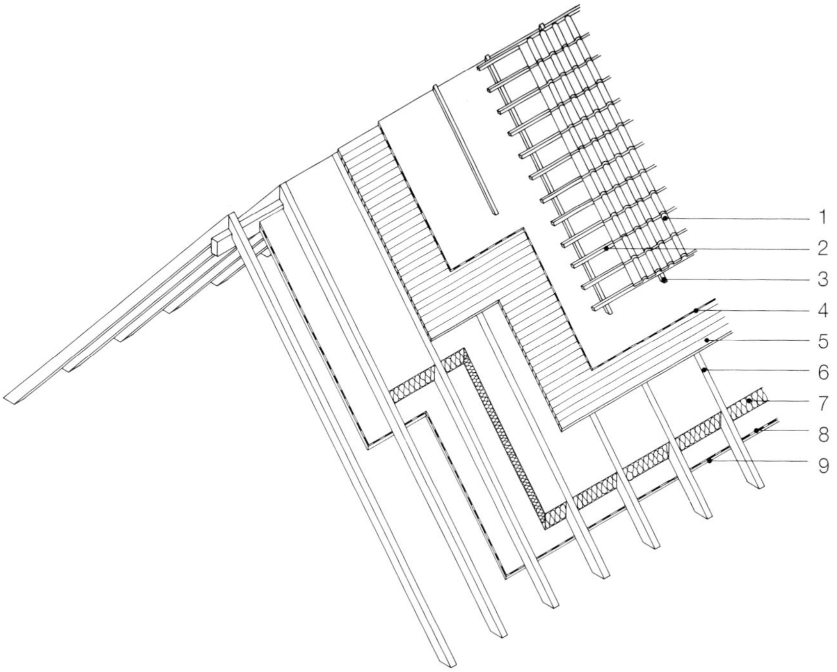

49 Konstruktion der Neueindeckung eines Satteldaches, bei der die Wärmedämmung zwischen den Sparren liegt, die unterseitig verkleidet und damit nicht mehr sichtbar sind.
1 Dachpfannen, 2 Lattung, 3 Konterlattung, 4 Wetterschutzbahn, 5 Holzschalung, 6 Sparren, 7 Wärmedämmung, 8 Dampfsperre, 9 Spanplatte.

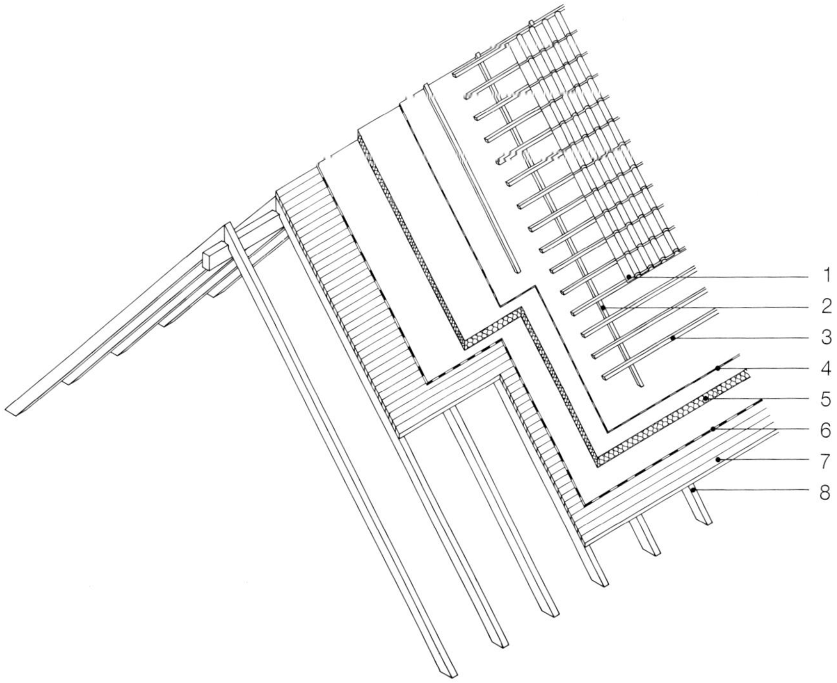

50 Um die Sparren sichtbar lassen zu können, liegt die Wärmedämmung hier oberhalb der Sparren auf einer Schalung, die unterseitig gleichzeitig fertige Dachschräge ist.
1 Dachpfannen, 2 Konterlattung, 3 Lattung, 4 Unterdachbahn, 5 Wärmedämmung, 6 Dampfsperre, 7 Holzschalung, 8 Sparren.

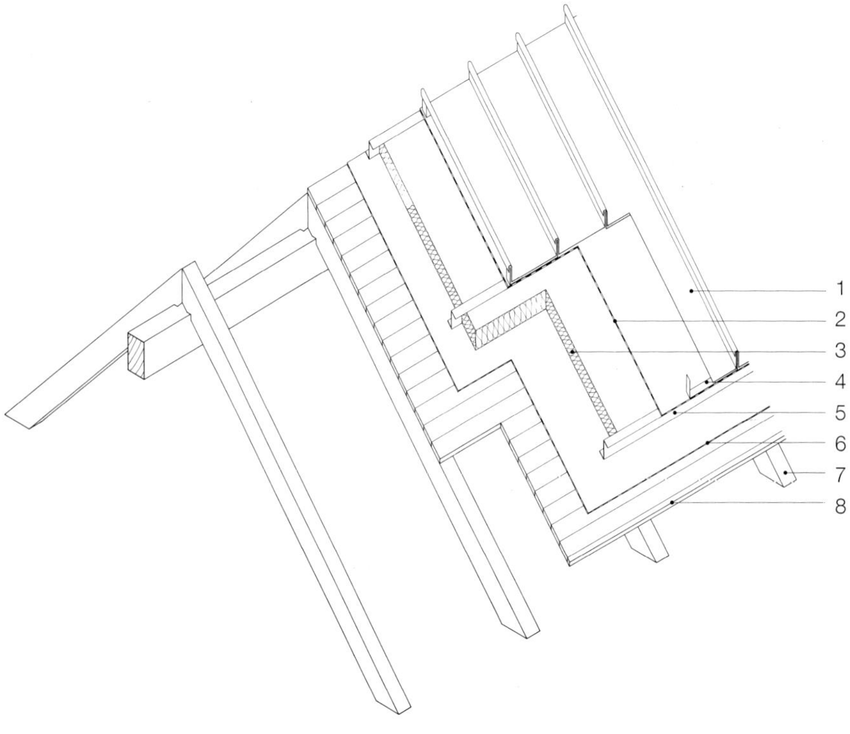

51 Konstruktiver Aufbau eines Dachdeckungssystems aus vorgefertigten Metallbahnen. Die gesamte neue Dachdeckung liegt oberhalb der Sparrenebene. 1 Blechdeckung mit Stehfalzen, 2 Feuchtigkeitssperre, 3 Wärmedämmung, 4 Haltebügel, 5 Abstandsprofil, 6 Dampfsperre, 7 Sparren, 8 Holzschalung.

52, 53 Der gesamte Dachausbau ist neu gestaltet worden: Teile in Metalldekkung, die Walmflächen wurden in eine Ganzglaskonstruktion aufgelöst, wodurch sich leichte, wintergartenähnliche Dachecken ergeben.
Architekt: J. Hornemann, Greven ▷

Die alte Dachdeckung

Alte Deckungen, die nur teilweise beschädigt oder die aufgrund denkmalpflegerischer Auflagen zu erhalten und auszubessern sind, stellen eine Reihe von Problemen dar. Alte passende Dachsteine zu finden, ist nicht leicht. Alte Tonziegel werden im Laufe der Zeit spröde und brüchig, und die früher übliche Vermörtelung in den Fugen der Dachsteine ist häufig schadhaft. Diese zu erneuern, verursacht besondere Kosten. Treten dann nach dem Ausbau des Daches Durchfeuchtungen auf, ist oft nur schwer feststellbar, wo die Schadensursache liegt: die vielleicht gerade verkleidete Dachschräge muß erneut geöffnet werden. Da die Ausbesserung eines Daches auf Dauer sehr kostspielig ist, sollte die Entscheidung für den Erhalt der alten Eindeckung oder für einen ganz neuen, bauphysikalisch perfekten Aufbau, der auf lange Sicht keine Reparaturen erwarten läßt, gründlich abgewogen werden. Der Charakter des alten Daches läßt sich auch bei einer Neudeckung erhalten: Die Industrie stellt heute sehr viele alte Dachsteinformen in den historischen Farbtönen her – nach ein paar Jahren Bewitterung ist der Unterschied zwischen Neu und Alt kaum noch zu erkennen.

*54 Das Foto zeigt die Erneuerungsmaßnahmen am Traufpunkt: Auffüllen der Deckenbalkenfelder mit Beton und Ersatz der verrotteten Sparrenköpfe.
Architekt: Völkner und Partner, München*

*55 Teilerneuerung eines alten Daches mit neuen Ziegeln in Falzdocken als unterseitige Feuchtigkeitssperre.
Architekt: Behrend und Schubert, Hamburg*

DACHSCHRÄGEN

Beim Ausbau des bislang unbewohnten Dachbodens ist zunächst einmal besonderes Augenmerk auf die Dachschrägen zu legen, die den größten Teil der Außenfläche der späteren Dachwohnung ausmachen. Was bisher frei durchlüfteter Bodenraum war, im Winter mit Außenraumverhältnissen und Minustemperaturen, im Sommer, je nach Farbe und Art der Dachdeckung, mit Temperaturen um 70 Grad, soll nach dem Umbau behaglicher Wohnraum werden. Das zeigt, welche Rolle der Dämmaßnahme für eine vollwertige Dachwohnung zukommt.
Zwei Rechtsverordnungen geben an, welche Dämmwerte bei Dachschrägen eingehalten werden müssen, wenn sie Aufenthaltsräume, also Wohnungen, begrenzen: Die DIN 4108, Wärmeschutz im Hochbau, sowie die Rechtsverordnung über einen energiesparenden Wärmeschutz bei Gebäuden, die Wärmeschutzverordnung. Danach ist bei Neubauten, also zum Beispiel einer Dachaufstockung, mindestens ein k-Wert von 0,30 für die Dachschräge vorgeschrieben, beim nachträglichen Ausbau von Altbauten mindestens 0,45. Der k-Wert des Dämmaterials gibt an, welche Wärmemenge durch einen Quadratmeter dieser Dämmung bei einem Temperaturunterschied von einem Grad zwischen Innen- und Außentemperatur hindurchgeht. Berechnungen haben gezeigt, daß bei einem k-Wert der Dachschräge von 0,30 etwa 4 Liter Heizöl pro Jahr verbraucht werden, bei einem k-Wert von 0,45 dagegen 5 Liter, was einem Mehrverbrauch an Heizenergie von 25% entspricht.
Die Anforderungen an den Wärmeschutz sind mit unterschiedlichen Materialien und verschiedenen Montageweisen zu erreichen. Bei intakter vorhandener Dachdeckung kann die Dämmung nur raumseitig zwischen den Sparren verlegt werden. Bei Erneuerung der Dachdeckung ist es vorteilhaft, die Wärmedämmung auf den Sparren zu montieren. Das bringt mehr Raumhöhe, das gliedernde Sparrenwerk bleibt sichtbar, und die großflächige Bearbeitung auf dem Dach ist wesentlich weniger zeitaufwendig.
Zu unterscheiden sind Mineralfaserdämmstoffe,

56 Der alte Dachboden noch ohne Feuchtigkeitssperre, Wärmedämmung und Verkleidung. Architekt: Hennig und Partner, Hamburg

57 Der nächste Schritt: die aluminiumkaschierte Wärmedämmung (Dampfsperre) ist zwischen die Sparren gestaucht und auf eine Konterlattung die Verkleidung aus Gipskartonplatten aufgebracht worden.

58 Zusätzlich zur eingeschobenen Wärmedämmung werden hier Gipskartonplatten mit aufkaschierter Wärmedämmung auf die Konterlattung montiert.

59 Fertiger Zustand einer kompletten, paketartigen Innenverkleidung mit Wärmedämmung und Dampfsperre, die die alte Dachkonstruktion in der Schräge abdeckt. Auf dieser Unterkonstruktion ist eine Vielzahl von dekorativen Maßnahmen möglich, vom einfachen Anstrich bis zur Holzverkleidung.

60 Hier wurden alle Dachbauteile mit Gipskartonplatten verkleidet. Sie betonen den Gegensatz von Dachkonstruktion und späteren Einbauten aus Holz, Stahl und Glas.
Architekt: Dinse und Feest, Hamburg ▷

Hartschäume und Korkplatten. Die Wahl des geeigneten Materials hängt auch von den jeweiligen Brandschutzbestimmungen ab, die zu erfüllen sind, und von den Schallschutzanforderungen. Generell gilt, daß Mineralfasermatten auch den Schallschutz verbessern und nach Klasse A der DIN 4102 nicht brennbar sind – wenn sie keine Papierkaschierungen besitzen. Hartschaum-Dämmstoffe sind dagegen lediglich schwer entflammbar und gehören zur Klasse B der DIN. Die Tabelle zeigt, welche Dämmwerte die einzelnen Materialien bei welchen Materialstärken ergeben:

Dämmstoffart	für k-Wert 0,45	für k-Wert 0,30
Glasfasermatte	100 mm	160 mm
Hartschaum	80 mm	120 mm
Korkplatten	100 mm	140 mm
Steinwollmatten	100 mm	140 mm
PUR Hartschaum	50 mm	65 mm

Soll die Wärmedämmung beim unbelüfteten Dach ihre Funktion über Jahrzehnte sicher erfüllen, so darf der in der Raumluft vorhandene Wasserdampf nicht zu den äußeren kälteren Schichten des Dämmstoffes durchdringen und kondensieren: Der Dämmstoff würde sich wie ein Schwamm vollsaugen und damit seine Funktion verlieren.

Soll die Dämmung zwischen den Sparren eingebracht werden, ist die Dämmschicht raumseitig daher mit einer Dampfsperre sorgfältig abzudekken, sowohl an den Sparren, an den Stößen der Matten oder Platten, am Fußpunkt genauso wie am First. Im Sinne einer möglichst energiesparenden Wärmedämmung wird der Dämmstoff meist den gesamten Raum zwischen den Sparren ausfüllen. Bei dieser Einbauweise ist die Anbringung einer zusätzlichen Feuchtigkeitssperre, der Unterspannbahn, zwischen der Wärmedämmung und den Dachpfannen nur schwer möglich. Ohne diese Unterspannbahn kann bei einem Schaden in der alten Dachdeckung das Wasser also bis in den Innenraum eindringen, wobei die Schadensquelle meist schwer zu lokalisieren ist. Es ist vorteilhaft, den verbleibenden Hohlraum

PORTRAIT
RICHARD AVEDON

zwischen Dämmung und Dachpfannen zu belüften. Für eine ausreichende Belüftung reicht ein Zwischenraum von 4 cm mit ausreichend großen Zu- und Abluftöffnungen. Ist die Belüftungsmöglichkeit nicht gegeben, so ist der Einbau einer Dampfsperre zwingend erforderlich. Im Sinne einer möglichst energiesparenden Wärmedämmung werden Dämmstoff und Luftraum meist die ganze Sparrentiefe ausfüllen. Die Sparren sind dann als gliederndes Element in der Fläche nicht mehr sichtbar. Meist wird die Innendachfläche auch mit einer Gipskarton- oder Holzschalung verkleidet, um die Stöße zwischen Dämmaterial, Fugenabklebung und Sparren abzudecken.

Bei einer neuen Dachdeckung läßt sich die Wärmedämmung aus Hartschaum auf der auf den Sparren aufgenagelten Holzschalung befestigen. Die Sparren bleiben auf der Raumseite sichtbar. Den konstruktiven Aufbau zeigt die Zeichnung 50, Seite 37 unten.

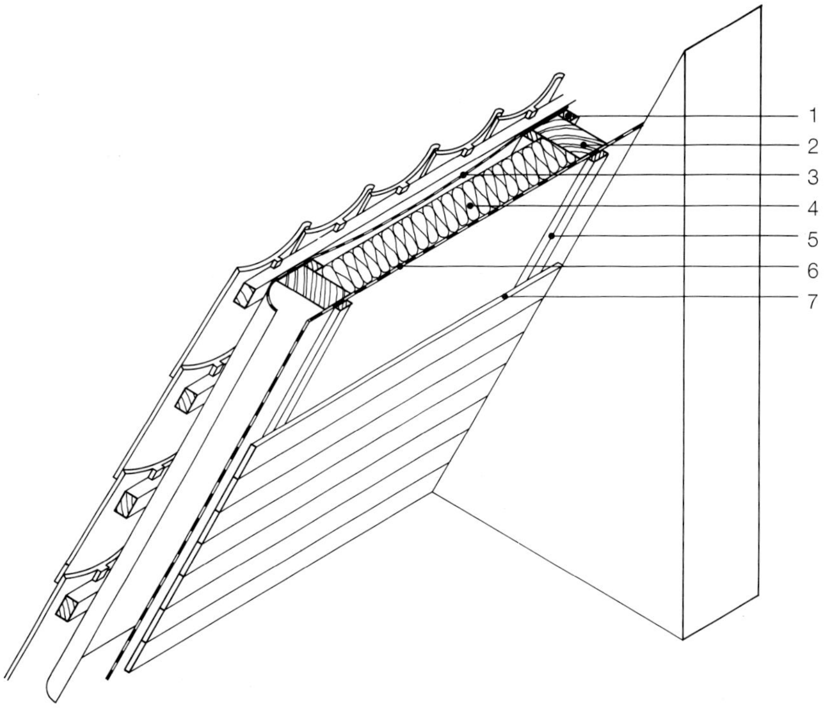

61 Die Zeichnung zeigt den Aufbau einer neuen Ziegeldeckung mit horizontaler Holzschalung.
1 Lattung, 2 Sparren, 3 Unterspannbahn, 4 Wärmedämmung, 5 Konterlattung, 6 Dampfsperre, 7 Holzschalung.

62 Die Ausbildung der Dachschrägen zeigt den Zusammenklang von Dachfenstern, deren Auskleidung, horizontaler Schalung und dem Drempel mit Einbaumöbeln. ▷

Neben dem Wärmeschutz sind auch brandschutztechnische Anforderungen zu beachten. Sie fordern entweder die Verkleidung der gesamten Holzkonstruktion des Daches mit Verkleidungsmaterialien, die der Feuerwiderstandsdauer F 30 (feuerhemmend) entsprechen, oder bei sichtbaren, tragenden Holzbauteilen bestimmte Mindestdicken, die meist bei Ständern (zum Beispiel 24 × 24 cm) und Pfetten alter Häuser vorhanden sind, nicht aber bei Sparren. Der Feuerwiderstandsdauer F 30 entsprechen zum Beispiel folgende Verkleidungen:

- eine gespundete Holzschalung von 21 mm Dicke
- eine Spanplatte von 19 mm Dicke
- eine Gipskartonplatte von 12,5 mm Dicke
- eine Spanplatte von 16 mm Dicke mit einer Gipskartonplatte von 9,5 mm Dicke auf der Raumseite

Die Dachschrägen als Außenwände der späteren Dachwohnung sind je nach Lage in besonderem Maße dem Umgebungslärm ausgesetzt. Sie sind im Gegensatz zu den schweren Außenwänden leichte Konstruktionen. Außerdem ist ihre Außenfläche größer als die von Etagenwohnungen, das heißt, es kann bei gleicher Grundfläche mehr Lärm in die Wohnung eindringen. Die Schalldämmbestimmungen fordern bei einem mittleren Außenschallpegel von 65 db (Lärmpegelkarten gibt es bei der zuständigen Bauprüfabteilung zur Einsicht) für die Dachschrägen ein Luftschallschutzmaß von 50 db. Dieses entspricht dem Mindestwert für Außenwände. Bei der Schalldämmung ist die Fugendichtigkeit des Dachaufbaus neben der Masse die einflußreichste Größe. Je dichter, je geschlossener die Konstruktion einer Dachschräge ist und je weniger Fugenanteile sie hat, um so höher ist der Schalldämmwert. Bei folgendem üblichen Aufbau ist zum Beispiel ein Luftschalldämmaß von 47 db zu erreichen:

- Betonsteinpfanne
- Holzlattung
- Unterspannfolie
- Holzsparren 60/160 mm
- 60 mm Mineralfaserfilz 1,45 kg/m^2
- Dampfsperre
- Spanplatte
- Holzverkleidung mit Nut- und Federverbindung

Ein Teil der Dachschräge kann im unteren Bereich zur geraden Wand, dem sogenannten Drempel, ausgebaut werden. Stiele, die oben an die Sparren und auf dem Boden an einer Schwelle befestigt werden, lassen sich mit Gipskartonplatten oder einer Holzschalung verkleiden. So entsteht zum einen zusätzlicher Abstellraum, zum anderen wirkt der Dachraum höher, wenn die Schräge nicht ganz bis an den Boden reicht. Bewährt haben sich wegen der besseren Benutzbarkeit schubladenartige Einbauten in diesen Schrägen, die sich herausziehen lassen, oder mobile Elemente, die die gesamte Schräge ausfüllen.

64 Ausbausystem mit senkrechten Holzpaneelen und integriertem Dachfenster. ▷

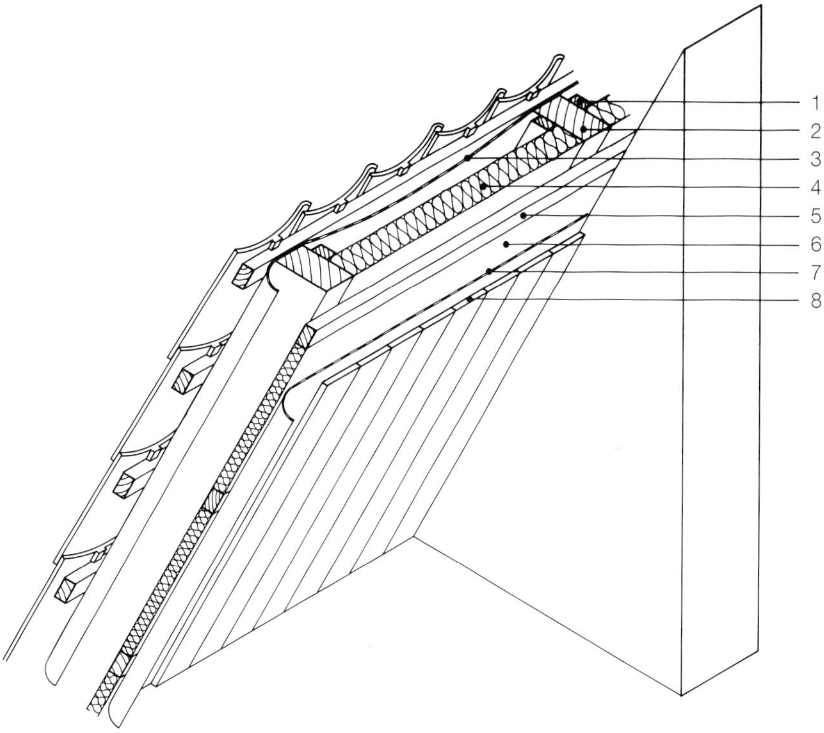

63 Neue Deckung mit senkrechter, innerer Holzschalung.
1 Lattung, 2 Sparren, 3 Unterspannbahn, 4 Wärmedämmung, 5 Konterlattung, 6 Wärmedämmung, 7 Dampfsperre, 8 Holzschalung.

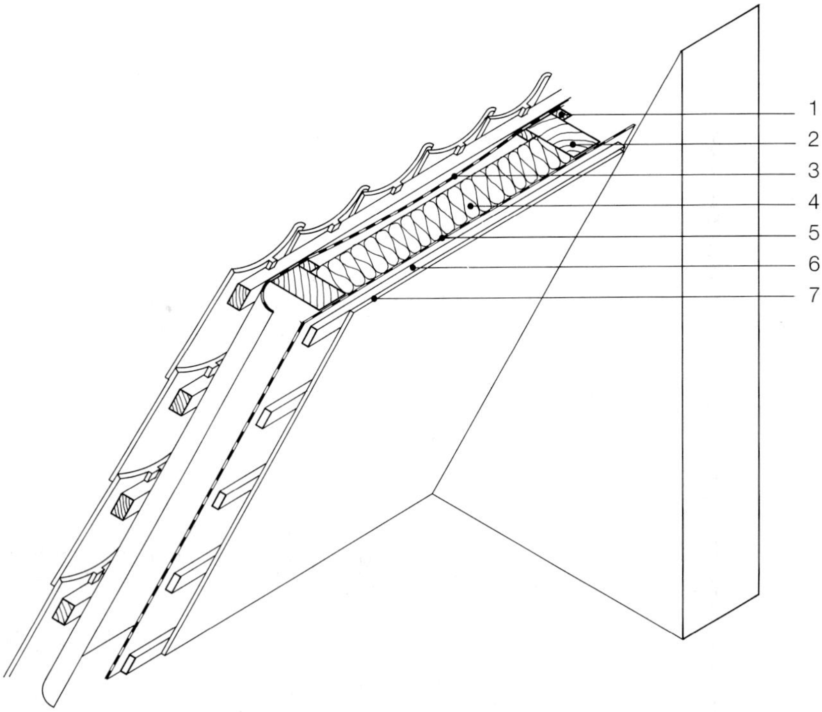

65 Neue Eindeckung oberhalb der Sparren mit innerer Verkleidung der Flächen und Sparren aus Gründen des Brandschutzes. 1 Lattung, 2 Sparren, 3 Unterspannbahn, 4 Wärmedämmung, 5 Dampfsperre, 6 Sparschalung, 7 Gipskartonplatten.

66 Alle Bauteile der Dachkonstruktion wurden verkleidet und bilden damit einen farb- und materialeinheitlichen Hintergrund für die Möblierung. Durch diese durchgängige Behandlung werden alle Konturen der Vor- und Rücksprünge und der Überschneidungen deutlich markiert. Architekt: R. Leinweber, Berlin ▷

◁ *67 Durch den auf den Sparren liegenden Dachaufbau werden alle Teile des alten Dachstuhls sichtbar hervorgehoben. Ihr einheitlicher Farbton bildet den neutralen Hintergrund für die farbige Möblierung.*
Architekt: AIS, Hamburg

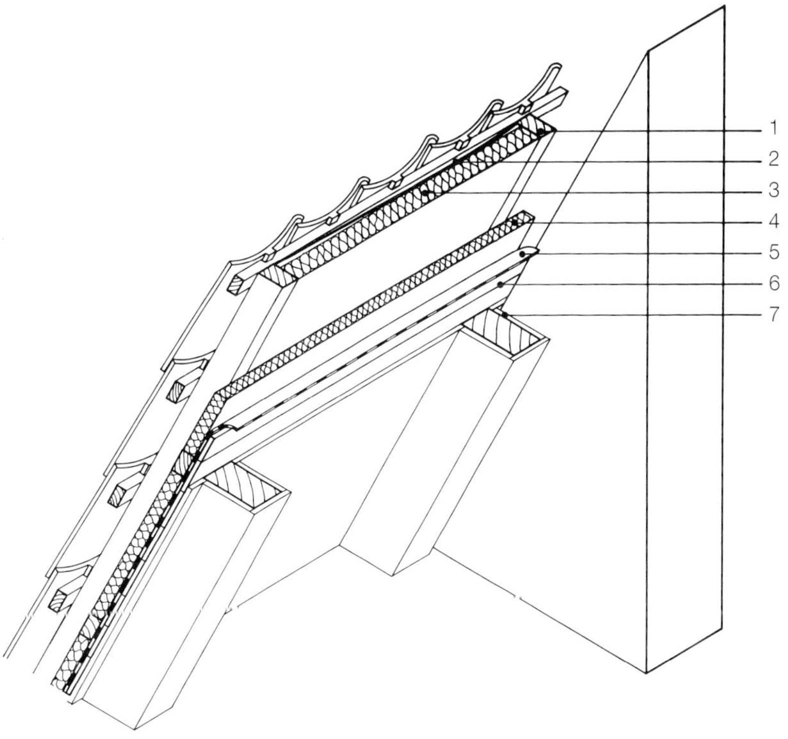

68 Die Dachdeckung oberhalb der alten Balkenlage mit horizontaler, raumseitiger Schalung.
1 Lattung, 2 Unterspannbahn, 3 Wärmedämmung, 4 Dämmung zwischen Lattung, 5 Dampfsperre, 6 Holzschalung, 7 Gipskartonplatten.

69 Das alte Balkenwerk sollte erhalten und durch glatte, weiße Hintergrundflächen betont werden.
Architekt: Plesch und Weller, Stuttgart

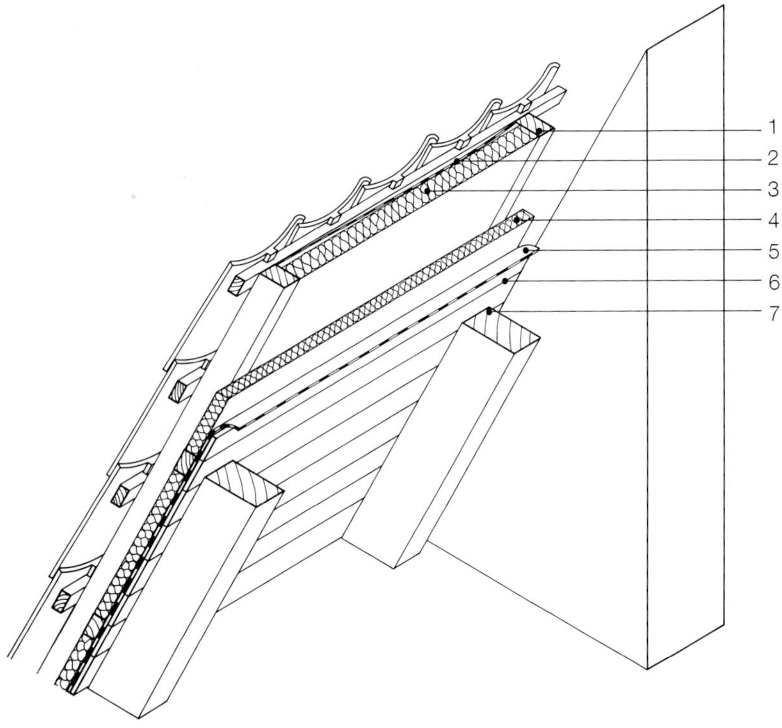

70 Neue Dacheindeckung mit durchgehender innerer Verkleidung aus Gipskartonplatten. Alternativ können auch Sperrholzplatten verwendet werden.
1 Lattung, 2 Unterspannbahn, 3 Wärmedämmung, 4 Dämmung zwischen Kanthölzern, 5 Dampfsperre, 6 Holzschalung, 7 Sparren.

71 Bis auf die Stiele wurden alle Elemente der Dachkonstruktion flächig verkleidet.
Innenarchitekt: W. Becher Bayreuth ▷

72, 73 Ausnutzung der Schräge durch mobile Einbaumöbel, die optisch einen Drempel bilden.
Architekt: Galerie Blau, Freiburg

74 Der vorhandene Drempel bildet die Rückseite der Regale, hinter denen die Heizung liegt, deren Umluft durch Holzgitter gewährleistet wird.
Architekt: H. Schmidt, Hamburg

75, 76 Ausnutzung der Dachschrägen für eine Einbauküche, die sich auch durch Schiebewände abtrennen läßt.
Architekt: Galerie Blau, Freiburg

77 Der alte Holzverschlag vor der Giebelwand. Architekt: Galerie Blau, Freiburg

78 Derselbe Dachraum nach dem Ausbau zu einem Speisezimmer mit besonderer Betonung der alten Konstruktion. Die Giebelwand bot die Möglichkeit zur Belichtung durch den Einbau eines schlanken Fensters. Architekt: Galerie Blau, Freiburg

GIEBELWÄNDE

Die Giebelwände eines unausgebauten Dachbodens haben normalerweise wenig oder gar keine Wärmedämmung, da sie meist dünner ausgebildet wurden als die Außenwände der Wohngeschosse. Auch wenn die Wandanteile der Giebelwand im Verhältnis zu den übrigen Außenflächen der Dachschrägen relativ gering sind, so ist es doch aus bauphysikalischen und vor allem aus Gründen der Behaglichkeit sehr zu empfehlen, zusätzliche Dämmaßnahmen vorzusehen.
Häufig sind die Giebelwände bei älteren Häusern auch durch Schlagregenbeanspruchung durchfeuchtet. Eine neue äußere und innere Verfugung, ein Sperrputz auf der Innenseite und ein wasserabweisender Außenanstrich lösen häufig das Problem der Durchfeuchtung. Soll eine zusätzliche Wärmedämmung eingebaut werden – in unmittelbarer Nähe der kalten Außenwand gibt es sehr unangenehme Zugerscheinungen –, so kann sie in der Regel nur auf der Innenseite aufgebracht werden. Wird allerdings die gesamte Außenfassade des Gebäudes saniert, dann kon-

79 Die Giebelwand wurde stufenförmig in Anlehnung an die Dachschräge geöffnet und mit Glasbausteinen ausgebaut.
Architekt: J. Franzke, Frankfurt

nen die Dämmaßnahmen durch einen starken Thermoputz auch von außen erfolgen. Bauphysikalisch ist das in jedem Fall die bessere Lösung. Bei raumseitig aufgebrachter Wärmedämmung ist stets mit Kondensatbildung innerhalb der Außenwand zu rechnen. Es muß daher an der Raumseite eine Dampfsperre angebracht werden, die das Eindringen von warmer, feuchter Raumluft in die Wärmedämmung verhindert. Andernfalls wird die Wärmedämmung naß und damit unwirksam.
Die Verkleidung von Dämmung und Dampfsperre kann durch Putz, Gipskarton, Spanplatten, Sperrholzplatten oder durch eine Holzschalung erfolgen. Eine Wärmedämmung aus aufgeklebten Foamglasplatten verbindet beides: Wärmedämmung und Dampfsperre, da Foamglas ein dampfdichtes Material ist. Hier ist nur darauf zu achten, daß die Stoßfugen der Foamglasplatten sorgfältig verschlossen werden, um Wärmebrükken zu verhindern.
Die Giebelwand eines Dachbodens ist häufig die einzig gerade Wand im Dachboden. Sie bietet ideale Möglichkeiten der zusätzlichen Belichtung durch den Einbau von Fenstern oder ganzen Fensterwänden. Eine weitere Möglichkeit bietet der Teilabbruch und das Zurückversetzen der Giebelwand zum Raum hin: Es entsteht eine windgeschützte Loggia. Voraussetzung ist allerdings, daß solchen Eingriffen in die ursprüngliche Fassadengestaltung keine bauaufsichtlichen Bestimmungen im Wege stehen. Grundsätzlich gilt, daß alle Veränderungen des äußeren Erscheinungsbildes eines Hauses genehmigungspflichtig sind.

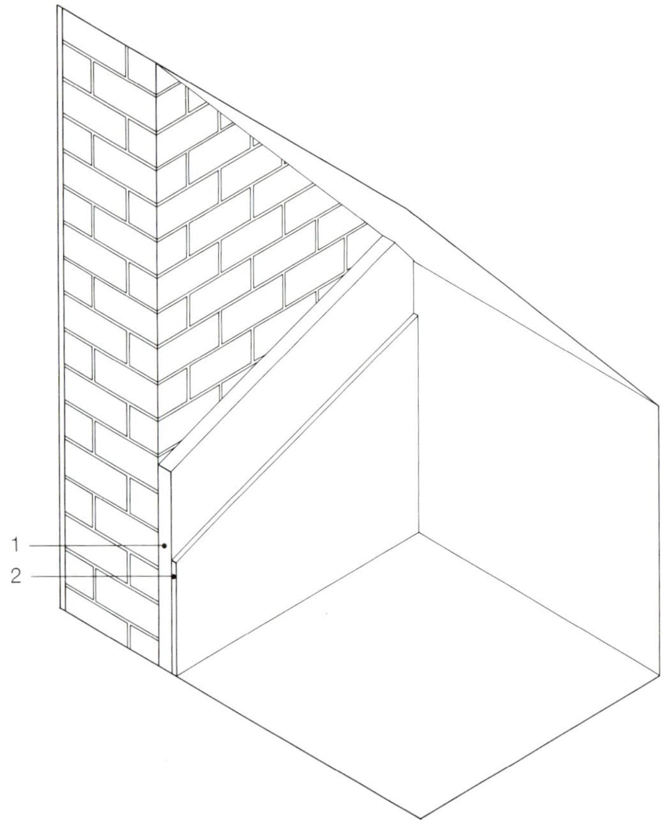

80 Erhalt des alten Mauerwerks, bei dem aus optischen Gründen auf die Dämmung verzichtet wird. Nur die Verfugung muß meist erneuert werden. 1 Foamglas, 2 Putz.

81 Bei diesem Ausbau wurden alle Konstruktionsteile erhalten: die Giebelwand wurde gereinigt und neu verfugt, die Dachkonstruktion restauriert und der alte Dielenboden aufgenommen, gedämmt, neu verlegt, abgeschliffen und gewachst. Durch diese Arbeiten ist der Gesamtzusammenhang des ursprünglichen Raumeindrucks wiederhergestellt worden.

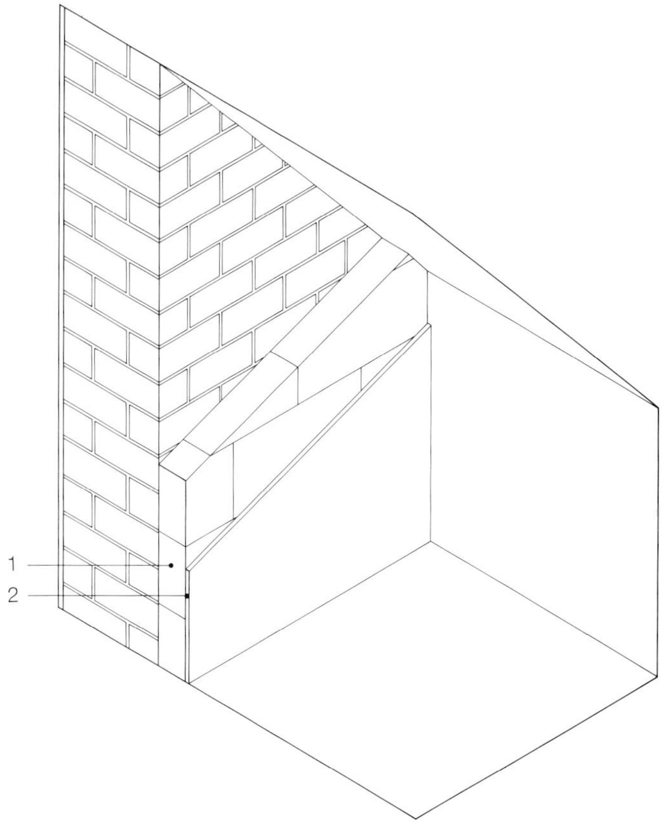

82 Dämmung einer wärmetechnisch nicht ausreichenden Wand durch das raumseitige Verblenden mit Wärmedämmung und Gipskartonplatten. Entscheidend für die Wirksamkeit der Konstruktion ist die raumseitige Dampfsperre.
1 Gasbetonsteine, 2 Putz.

83, 84 Die Bauschritte einer inneren Giebelwandverkleidung: Aufbringen der vertikalen Lattung – hier auf neuem Mauerwerk – in Abständen, die der Breite der Wärmedämmung entsprechen.

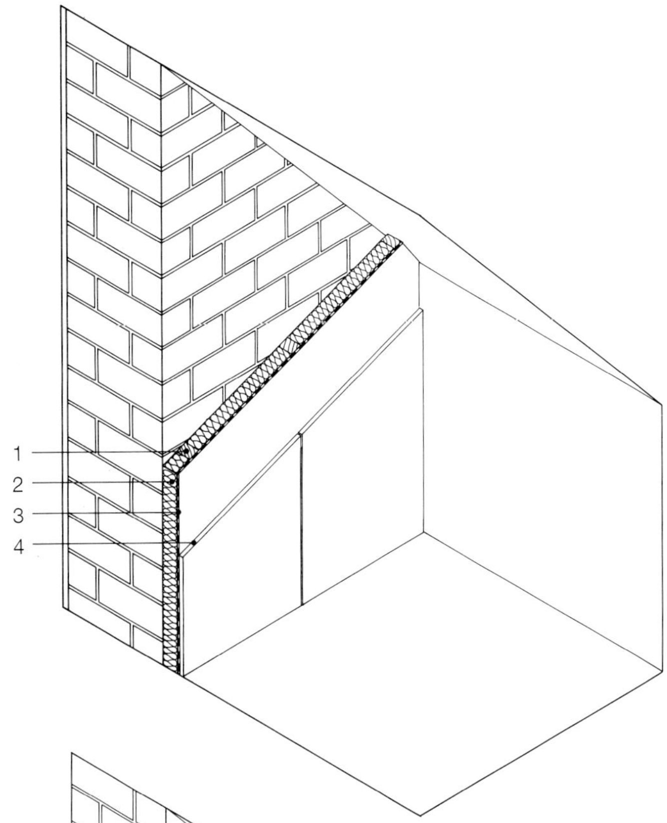

85 Giebelwandverkleidung mit Foamglas, das gleichzeitig als Dampfsperre wirkt und hinterher verputzt wird. 1 Lattung, 2 Wärmedämmung, 3 Dampfsperre, 4 Gipskartonplatten.

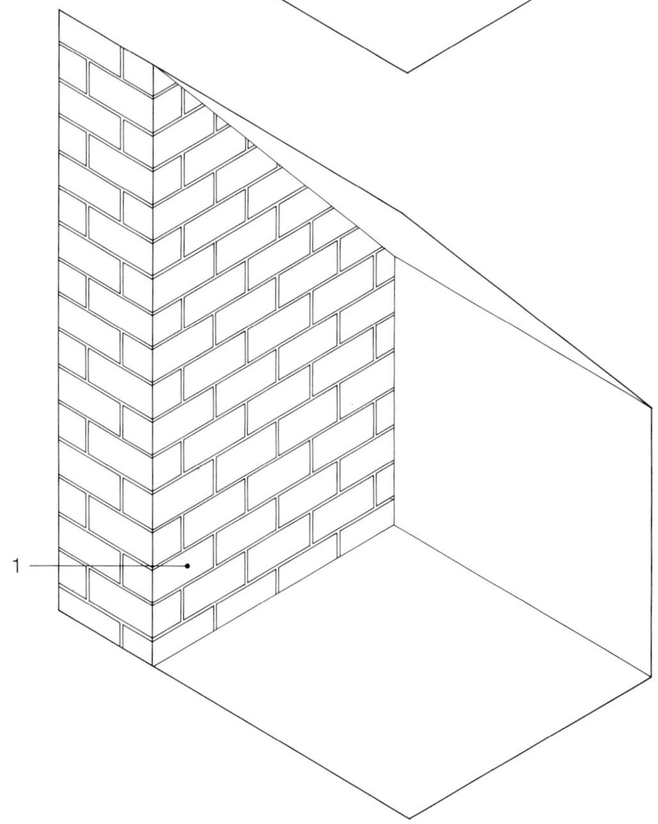

86 Verkleidung der vorhandenen Giebelwand mit wärmedämmenden Gasbetonsteinen und anschließendem Verputz. 1 Sichtmauerwerk.

87 Im Rahmen des Dachausbaus wurde die Giebelwand geöffnet, erhielt einen Zugang zur Dachterrasse, zusätzliche Dämmung und Verputz. Architekt: R. Müller, Hannover ▷

*88 Teilöffnung einer Giebelwand mit einem differenziert gestalteten Fensterelement.
Architekt: Architekturgruppe Bergmann und Boerdner, Hünstetten*

*89 Die alte Giebelwand kann auch nachträglich von außen gedämmt und mit Holz verkleidet werden.
Architekt: Architekturgruppe Bergmann und Boerdner, Hünstetten*

90 Im Rahmen des Dachausbaus wurde im nutzbaren Bereich der Giebel erkerartig aufgelöst. Durch die Fortsetzung des Giebelfensters können jetzt auch die unteren Räume belichtet werden.
Architekt: H.-J. Steuber, Frankfurt

91 Die Giebelwand ist nur auf das nötige Maß einer zweiflügeligen Balkontür aufgebrochen worden.

92 Eine gekonnte Sanierung und Gestaltung des Bodenbereiches mit den gegensätzlichen Materialien Holz, Stahl, Glas und Teppichboden.
Architekt: Dinse und Feest, Hamburg

DECKEN UND FUSSBÖDEN

93, 94, 95 Ablauf eines neuartigen Armierungsverfahrens zur Erhaltung alter Balkenkonstruktionen, die aus gestalterischen Gründen in der ursprünglichen Form belassen werden sollen.

In älteren Häusern besteht die letzte Geschoßdecke unter dem Dach meistens aus einer Holzbalkendecke mit einem Einschub aus Lehm, Sand oder Schlacke und auf die Balken genagelten Fußbodendielen. Da diese alten Dachböden nicht ständig, sondern meist nur als Abstell- oder Trockenböden genutzt wurden, reichte diese Konstruktion insbesondere im Hinblick auf den Schallschutz aus. Nur in seltenen Fällen findet man bei alten Häusern Betondecken vor.

Bei den Holzbalkendecken sind zunächst die Tragfähigkeit im Hinblick auf die spätere Nutzung und der Zustand der Balken, besonders an den Auflagerpunkten, das heißt am Schnittpunkt von Dachsparren und Holzbalken, zu überprüfen. Erfahrungsgemäß haben gerade an dieser Stelle Undichtigkeiten in der Dachdeckung oder ständige Tauwasserbildung im Bereich der Außenwand zu Feuchtigkeitsschäden und Verrottungen an den Balkenköpfen geführt.

Bei nicht ausreichender Tragfähigkeit müssen die Balkenköpfe dann durch seitlich angenagelte Bohlen verstärkt oder durch ein neuartiges Armierungsverfahren saniert werden. Bei dieser Methode werden die schadhaften Balkenköpfe abgeschnitten und durch neue, aus Reaktionsharzbeton, Reaktionsharzmörtel und Stäben aus glasfaserverstärktem Polyesterharz als Armierung bestehende Ansatzstücke ersetzt. Diese Sanierungsarbeiten sind nicht nur kostenintensiv, sie beeinträchtigen durch Abfangmaßnahmen und Freilegungsarbeiten häufig auch die darunterliegende Wohnung. Dieses Verfahren wird daher besonders in denkmalgeschützten Häusern eingesetzt, wenn aus gestalterischen Gründen

- Überlappungskonstruktionen stören (alte Bemalung, schöne Balkenprofile)
- keine neuen Balken eingesetzt werden können oder sollen
- der befallene Balkenkopf als Schale erhalten, von oben ausgehöhlt und das Innere mit Reaktionsbeton ausgefüllt werden kann (der alte Balkenkopf trägt nicht mehr, behält aber seine dekorative Funktion).

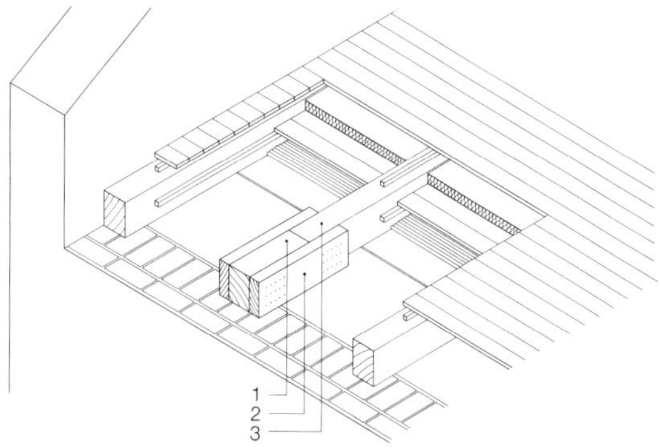

93 1 neuer Balkenkopf, 2 Überlappungskonstruktion, 3 unbeschädigter Deckenbalken.

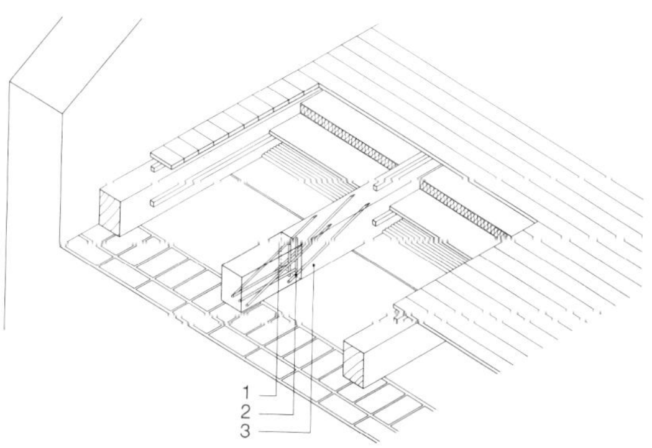

94 1 Reaktionsharzbeton-Prothese, 2 Glasfaserstäbe, 3 unbeschädigter Balken.

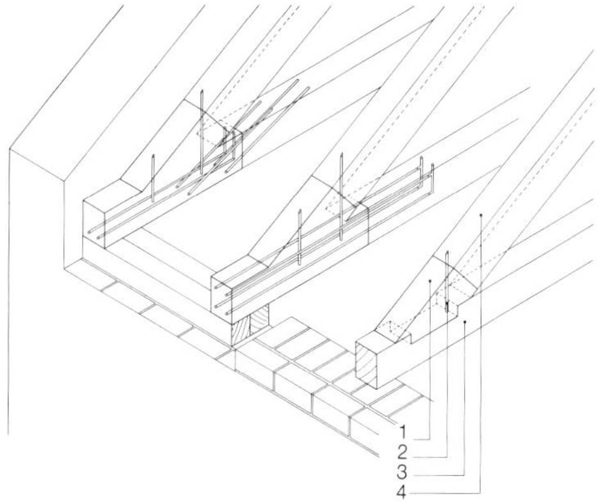

95 1 Reaktionsharzbeton-Prothese, 2 Glasfaserstäbe, 3 unbeschädigter Balken, 4 unbeschädigter Sparren.

96 Auch in einem alten Dachboden läßt sich eine Fußbodenheizung in Trittschallmatten aus Hartschaum einbauen. Die Aufbauhöhe beträgt 4 cm. Architekt: Behrend und Schubert, Hamburg

97 Einbringen eines Fließestrichs auf die mit Folien abgedeckten Dämmplatten der Fußbodenheizung. Diese Estrichart hat den Vorteil leichter Verarbeitbarkeit, waagerechter Lage und glatter Oberfläche.

98 Hier wurde aufgrund ausreichender Raumhöhe die alte Decke belassen und eine zweite Balkenlage zur Aufnahme der Trittschall- und Wärmedämmung aufgebracht.

99 Nach der Sanierung der Unterkonstruktion können die alten Dielen wieder aufgebracht und endbehandelt werden.

Ergibt die statische Überprüfung, daß die alte Deckenkonstruktion für die neue Beanspruchung als Wohnungsdecke nicht ausreichend tragfähig ist, läßt sich die vorhandene Holzkonstruktion durch Anlaschen stärkerer Balken oder auch durch leichte Stahlprofile auf die gewünschte Tragfähigkeit verstärken.
Genügt bei schweren Betondecken meist ein schwimmender Estrich zur Erfüllung der Schallschutzanforderungen an Wohnungstrenndekken, so muß die wesentlich leichtere Holzbalkendecke schwerer gemacht werden. Je schwerer die Decke ist, desto weniger wird die darunterliegende Wohnung durch Tritt- und Luftschall beeinträchtigt. Im Einzelfall ist jedoch zu prüfen, ob die vorhandene Holzbalkendecke in der Lage ist, zusätzlich aufgebrachtes Gewicht zu tragen, zum Beispiel Steinplatten, Schüttungen oder Estrich. Auch diese Schalldämmaßnahmen müssen auf den Holzbalkendecken »schwimmend« ausgeführt werden, das heißt, die Steinplatten oder der Estrich sind durch Dämmstoff von der eigentlichen Deckenkonstruktion getrennt, sie liegen »schwimmend«, ohne feste Verbindung auf der Decke. Auch zur Wand darf der Estrich keine starre Verbindung haben, Dämmstreifen sorgen hier für die notwendige Trennung und verhindern die direkte Schallübertragung. Müssen Wasserleitungen oder Heizungsrohre durch die Estrichschicht geführt werden, sind auch diese mit Dämmstoffen zu ummanteln, um Schallbrücken in das darunterliegende Geschoß zu verhindern.
Wohnungstrenndecken abgeschlossener Wohneinheiten erfordern baurechtlich ein Luftschallschutzmaß von 54 db und ein Trittschallschutzmaß von 10 db. Dies ist zum Beispiel erreichbar durch folgenden Aufbau:

- 4 cm schwimmender Zementestrich
- 30 mm Mineralfasermatten
- 32 mm Spanplatten
- Hohlraumdämmung mit 60 mm Steinwollmatten
- Lattung
- 12 mm Verkleidung aus Gipskarton

Zum Vergleich der Aufbau einer alten Holzbalkendecke vor den Dämmaßnahmen:

- Holzdielen
- Schüttung
- Lattung
- Putz auf Putzträger

Diese Decke hat ein Trittschallschutzmaß von −3, das heißt keine Trittschalldämmung, und ein Luftschallschutzmaß von 45 db, was bedeutet, daß man jeden Schritt und auch jedes lautere Gespräch oder Radio hören kann. In einem Einfamilienhaus mag das gehen, bei vermietbaren Dachgeschoßwohnungen ist eine derartig schlechte Schalldämmung niemandem zuzumuten.
Eine Verbesserung des Trittschallschutzes ist auch durch das Material des Oberbelages zu erreichen. So bedeutet zum Beispiel ein normaler Teppichbelag eine Verbesserung des Trittschalldämmaßes im allgemeinen um 2 db; das scheint recht wenig zu sein, aber wenn man bedenkt, daß 10 db Schallschutz bereits eine Halbierung des Schallpegels, also des Lärms, bedeutet, dann kann auch die Wahl des richtigen Bodenbelags ganz wesentlich zum Schallschutz beitragen.
Andere, weniger schalldämmende Oberbeläge können sein: Parkett, Holzdielen, Korkplatten, Linoleum, keramische Fliesen oder Naturstein, wie zum Beispiel Marmor oder Granit. Bei starren Belägen, wie Fliesen oder Stein, können die Schwingungen der Holzbalkendecke sehr leicht zu Rissen führen. Hier ist für eine ausreichend schwingungsfreie Unterkonstruktion zu sorgen. Der nachträgliche Aufbau ausreichend schalldämmender Fußbodenaufbauten bedeutet zumeist einen Verlust von 8 bis 10 cm an Raumhöhe.
Auch auf alten Holzbalkendecken lassen sich nachträglich Fußbodenheizungen installieren. Hierfür bietet sich eine Vielzahl von Systemen an. Der bei Stahlbetondecken übliche schwimmende Estrich aus Zement oder Gips bringt, auf die alte Holzbalkendecke aufgebracht, leider auch Feuchtigkeit in den Dachboden, die allmäh-

lich wieder verdunsten muß und damit den Baufortschritt verzögert. Eine Alternative sind sogenannte Trockenestriche oder Estrichverbundplatten, die es auch mit aufkaschierter Wärme- und Trittschalldämmung gibt. Bei Trockenestrichen besteht das Schüttgranulat aus mineralischen oder organischen Grundstoffen, die mit Bitumen umhüllt sind. Durch die Bituminierung verbindet sich das Granulat rasch zu einer gleichmäßigen, durchgehenden Platte. Ein Verwandern des Schüttmaterials, wie es Verkehrs- oder hohe Punktlasten verursachen können, wird dadurch ausgeschlossen. Solche Schüttungen sind gegen Mikroben, Milben und Nässe weitgehend unempfindlich.

Gemäß den Brandschutzbestimmungen müssen Geschoßdecken bei Gebäuden bis zu fünf Vollgeschossen die Feuerwiderstandsdauer F 30 erfüllen, das heißt, die Decken müssen jeweils von unten und von oben 30 Minuten der Beflammung standhalten können. Der Deckenaufbau F 30 ist abhängig von Art und Zustand der Verkleidung von unten, dem Querschnitt der tragenden Deckenbalken und dem darüberliegenden Deckenaufbau. Dabei muß der untere alte Putz brandtechnisch einwandfrei und fest sein und darf keine Risse haben. Das ist bei Altbauten meist nicht gegeben, außerdem besteht der Putzträger häufig aus brennbarem Rohrgeflecht, so daß die Balkenquerschnitte allein F 30 erfüllen müssen. Das ist bei alten Häusern mit Balken von 16 auf 26 cm und größer der Fall, so daß für die untere Wohnung keine weiteren Maßnahmen erforderlich sind.

Der obere Fußbodenaufbau muß ebenfalls F 30 erfüllen, das heißt, die alte Dielung reicht nicht aus. Der neue Aufbau aus Spanplatten mit Trocken- oder Naßestrich dagegen entspricht der Forderung. In jedem Fall sind bei Dachausbauten die Landesbauordnungen zu beachten, die zum Teil unterschiedliche Anforderungen an den Brandschutz stellen.

100 Bei durchhängenden Holzbalkendecken läßt sich der neue Boden durch seitlich an die alten Balken genagelte Bohlen in der Höhe ausgleichen.
Architekturbüro R. Müller, Berlin

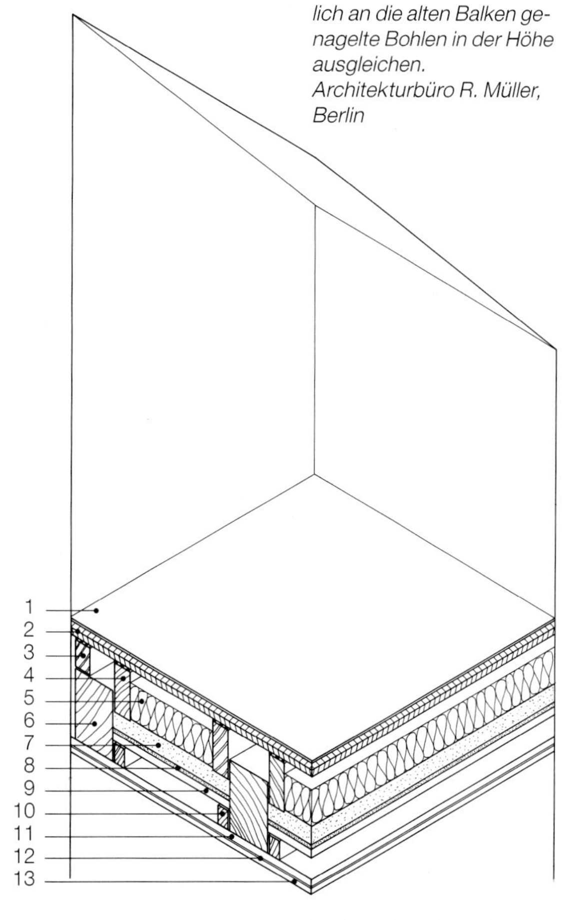

1 Oberbelag, 2 zwei Lagen Phenopanplatten, 3 Füllholz, 4 Kantholz mit Filzstreifen, 5 Hohlraumdämmung, 6 Holzbalken, 7 Schüttung, 8 Schüttung, 9 Stakung mit Lehmglattschicht, 10 Dachlatten, 11 Schalung, 12 Putzträger (Rohrgewebe), 13 Putz.

101 Hier dient der Teppichboden der Schalldämpfung auf der Galerie, ist farbiges Gestaltungselement und Antwort auf die ebenfalls glatten und strukturlosen Wände.
Architekt: Hennig und Partner, Hamburg

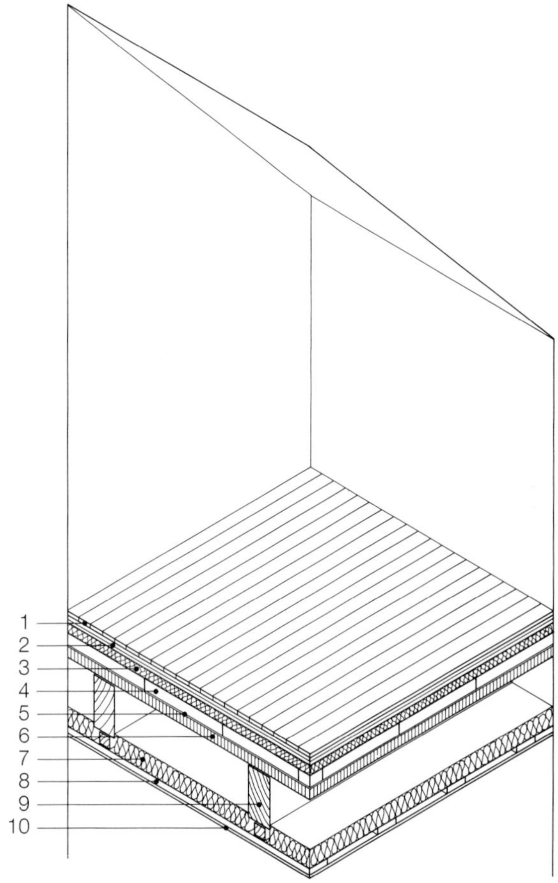

102 Holzdecke mit verbessertem Schallschutz durch auf Schalung gelegte Gehwegplatten.
1 Parkett, 2 Holzspanplatten, 3 Trittschalldämmung, 4 Betonplatten, 5 Filzmatte, 6 Spanplatten, 7 Hohlraumdämmung, 8 Sparschalung, 9 Holzbalken, 10 Gipskartonplatten.

103 Bei ausreichender Raumhöhe läßt sich bei der Sanierung der Deckenkonstruktion auch neues Parkett einbauen. Die Aufbauhöhe einschließlich Unterkonstruktion beträgt mindestens 5 cm.
Architekt: Hennig und Partner, Hamburg

104 In bewußtem Gegensatz zu den glatten weißen Wänden ist hier die wechselnde Farbigkeit eines Holzbodens eingesetzt worden.
Architekt: R. Müller, Hannover

105 Auch auf der neuen Unterkonstruktion kann der alte Dielenboden mit seinen schönen Gebrauchsspuren wiederverwendet werden. Architekt: Kuhn und Gerlach, Köln

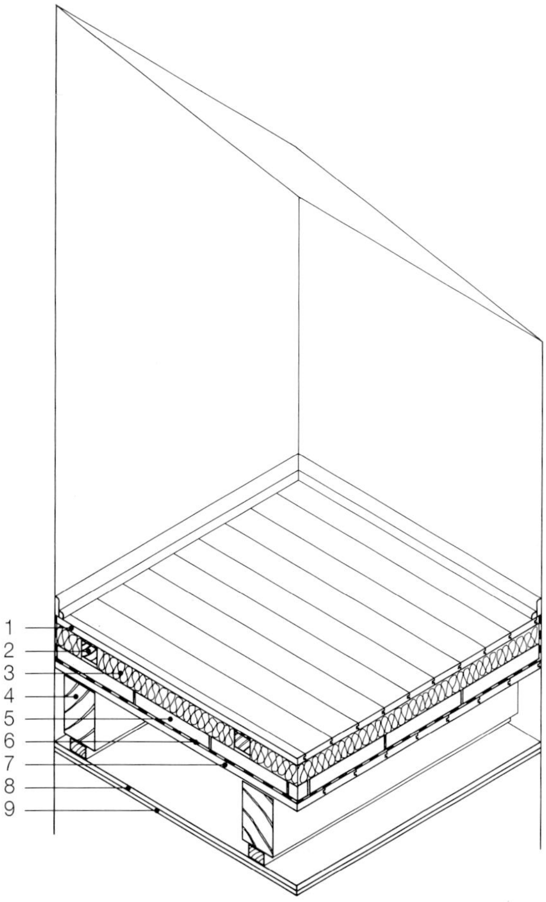

106 Aus schalltechnischen Gründen ist für eine gute Dämmung das Gewicht mitentscheidend. Das kann erreicht werden durch einen schweren Einschub, durch Aufbringen von schweren Gehwegplatten oder Estrich auf der alten Konstruktion.
1 Holzdielen, 2 Lagerholz mit Filzstreifen, 3 Hohlraumdämmung, 4 Holzbalken, 5 Beschwerungsplatten (Betonplatten), 6 bituminöse Dickbeschichtung auf Folie, 7 Profilholz, 8 Putzträger, 9 Putz.

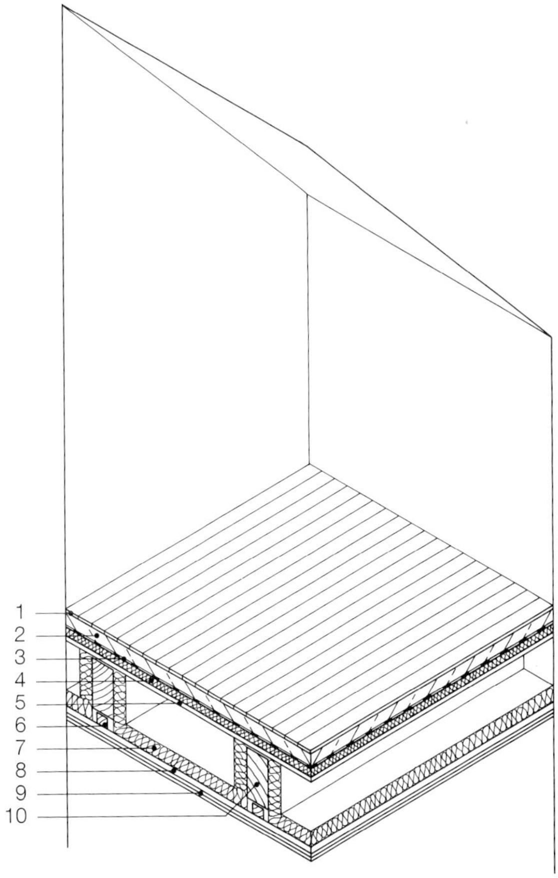

107 Bei diesem Aufbau bringt der Estrich das nötige Gewicht für die Schalldämmung.
1 Parkett, 2 Fließestrich, 3 PE-Folie, 4 Trittschalldämmung, 5 Spanplatten, 6 Lagerhölzer, 7 Hohlraumdämmung, 8 Sparschalung, 9 Gipskartonplatten, 10 Deckenbalken.

108 Auch auf Holzbalkendecken braucht man nicht auf Fliesenboden zu verzichten. Mögliche Risse können durch Bewehrung des Estrichs oder des Mörtelbettes verhindert werden. Architekt: Plesch und Weller, Stuttgart

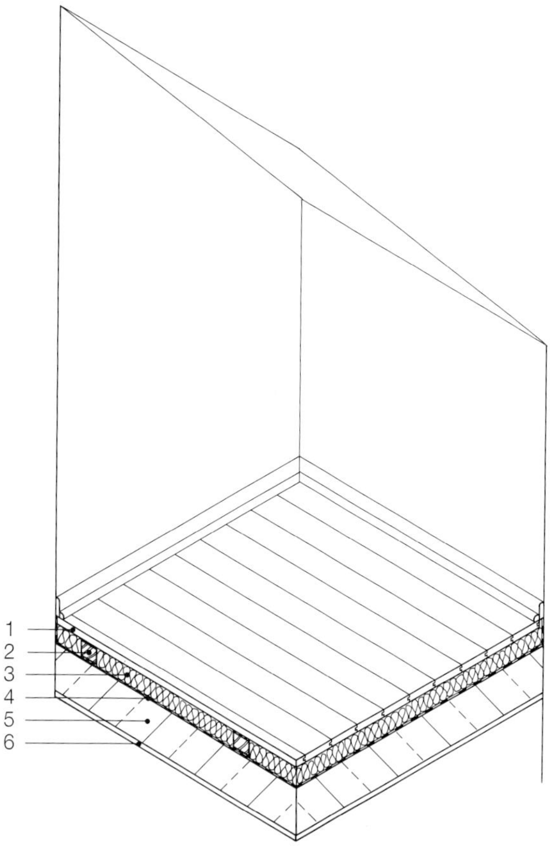

109 Betondecken sind weniger problematisch hinsichtlich Durchfeuchtung und Durchbiegung, sie müssen nur gegen Schallübertragung gedämmt werden. 1 Holzdielen, 2 Lagerholz mit unterem Filzstreifen, 3 Trittschalldämmung, 4 Folie, 5 Stahlbetondecke, 6 Putz.

110 Alternativ zum Holzbelag kann auch ein Natursteinboden im armierten Mörtelbett verlegt werden. Architekt: Gatermann und Schossig, Köln

111, 112 Die Zeichnungen zeigen prinzipielle Möglichkeiten des Einbaus einer Dachterrasse. Beide Lösungen bedingen einen relativ großen konstruktiven Aufwand: Eingriff in die Tragkonstruktion des Dachstuhls und Abdichtung der Decke über der letzten Geschoßwohnung.

113 Bei freistehenden Häusern läßt sich die Giebelwand zurückversetzen. Bei Pfettendächern muß die Firstpfette angefertigt werden. Die Abdichtungsarbeiten sind ähnlich aufwendig wie bei einem Dacheinschnitt.

DACHTERRASSEN

So schön das Wohnen über den Dächern der Stadt in luftiger Höhe sein kann, meist fehlt beim geschlossenen, geneigten Dach alter Häuser aber der Austritt ins Freie, der Balkon oder die Loggia. Ein solcher Freisitz kann jedoch gerade den Reiz und vielleicht sogar die besondere Qualität einer Dachwohnung ausmachen. In vielen Fällen kann dem Wunsch nach einer solchen Dachterrasse entsprochen werden, wenn auch unter relativ großem konstruktiven und finanziellen Aufwand und Risiken. Auch dürfen baurechtlich keine Hindernisse bestehen. Der Einbau einer Dachterrasse ist in jedem Falle genehmigungspflichtig und sollte nur von anerkannten Handwerksbetrieben ausgeführt werden.
Eine Dachterrasse läßt sich entweder in das Dach einschneiden, auf dem Dach aufständern oder in den Giebel einbauen. Der Einschnitt und die geöffnete Giebelseite bieten dabei gleichzeitig den Vorteil des Wind- und Sonnenschutzes. Auch eine Kombination von offener Terrasse mit im Winter verschließbaren Seitenteilen ist denkbar; der so entstehende Wintergarten ist zumindest sehr viel öfter zu nutzen als eine offene Terrasse.
Der Einschnitt in die vorhandene Dachfläche ist ein folgenreicher konstruktiver Eingriff in die vorhandene Dachkonstruktion, der nicht ohne die Beratung eines Statikers erfolgen sollte: Im Bereich der Dachterrasse muß die Dachdeckung entfernt werden, Sparren müssen abgeschnitten und ihre Lasten über Auswechslung auf die Randsparren der Terrasse abgeleitet werden. Darüber hinaus wird die ehemals geschützte, innenliegende Holzbalkendecke zu einer Wind, Wetter und Feuchtigkeit (Regen, Schnee) ausgesetzten Fläche, deren Abdichtung nicht unproblematisch ist. Die durch den Einschnitt geschaffene Freifläche muß konstruktiv die Qualität eines begehbaren Flachdaches haben, ihre Abdichtung muß also besonders sorgfältig ausgeführt werden. Die Entwässerung hat über zwei voneinander unabhängige Abflüsse zu erfolgen. Der Oberbelag der Terrasse muß frostbeständig sein und Bewegungen oder Durchbiegungen der

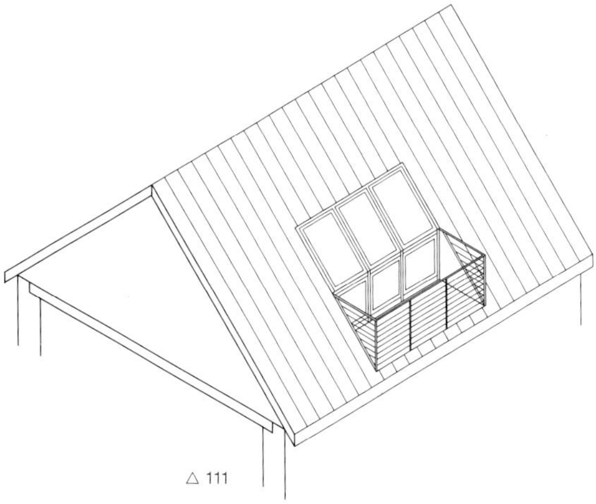

△ 111

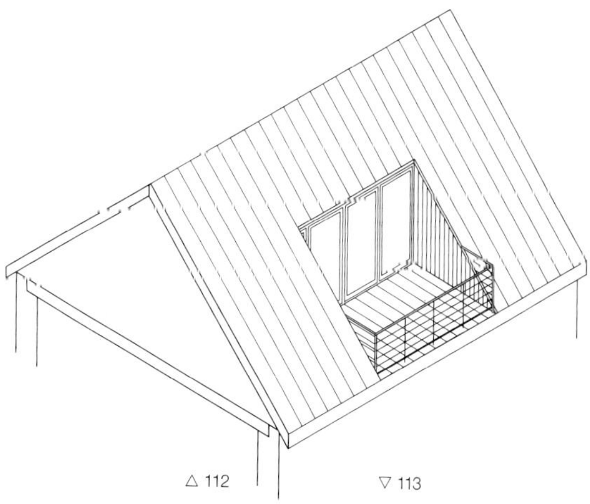

△ 112

▽ 113

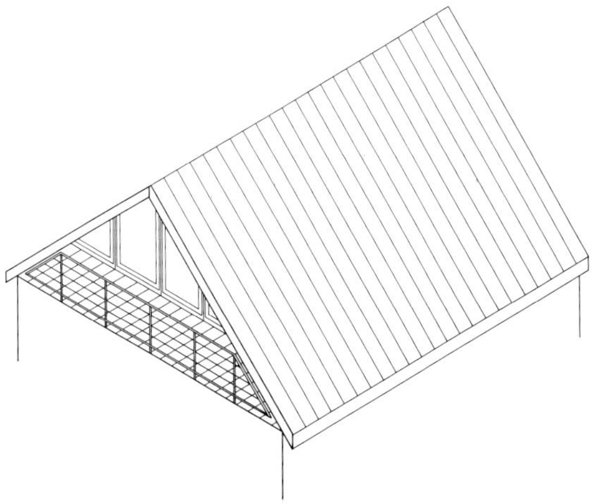

Holzbalkendecke standhalten. Darüber hinaus müssen die Dachterrassen über der letzten Geschoßwohnung so wärmegedämmt werden, daß die darunterliegenden Räume nicht beeinträchtigt werden.

Folgende Dachdichtungsaufbauten sind möglich:

1. Die übliche Abdichtung:
- Holzbalkendecke
- Holzschalung
- Trennlage
- Gefälleestrich
- Bitumenvoranstrich
- Dampfsperre
- Wärmedämmung
- dreilagige Bitumenbahnabdichtung
- Trennlage
- Fliesen im Mörtelbett, aufgestelzte Betonplatten oder Holzroste

Bei der Abdichtung ist darauf zu achten, daß sie an den Terrassenseiten mindestens 15 cm hochgezogen wird, um Durchfeuchtungen durch stehendes Wasser, Spritzwasser oder auch Schnee zu vermeiden. Nur dann zahlt auch die Hausratversicherung, wenn trotzdem Wasser in die Wohnung eingetreten ist. Eine zusätzliche Absicherung gegen den Feuchtigkeitseintritt durch Schnee bietet die Möglichkeit, die Terrassenfläche bei Bedarf beheizen zu können (Winterurlaub). Eine solche Fußbodenheizung kann auch die Benutzbarkeit der Terrasse an kühleren Sommerabenden erheblich verlängern. Hier sind sicher Kosten und Nutzen gegeneinander abzuwägen.

2. Möglichkeit des Abdichtungsaufbaus, das Umkehrdach:
- Holzbalkendecke
- Holzschalung
- Trennlage
- Gefälleestrich
- dreilagige Bitumenbahnabdichtung
- Wärmedämmung
- Trennlage
- Kiesbett mit lose verlegten Gehwegplatten, Natursteinen oder Holzrosten

Beide Bodenaufbauten sind in der Regel schwer und müssen von den darunterliegenden Holzbalken aufgenommen werden können. Auch das ist statisch zu prüfen.
Leichte, aufgeständerte Konstruktionen, meist aus Stahl, berühren die Dachkonstruktion weniger, ihr Boden aus Stahlgittern oder Rosten verlangt keine eigene Dichtigkeit, die Terrasse kann über die normale Dachdeckung entwässert werden. Nur die Auflager- und Durchstoßpunkte bedürfen der besonders sorgfältigen Andichtung.
Neben den konstruktiven Fragen, die beim Ein- oder Aufbau einer Dachterrasse jeweils bauwerksbezogen unterschiedlich sind und entsprechend gelöst werden müssen, stellt die Dachterrasse auch einen besonderen gestalterischen Eingriff in die vorhandene Architektur dar. Sie sollte daher mit Sorgfalt geplant werden. Gleichzeitig bietet eine so veränderte Dachgestaltung vor allem im Zusammenhang mit einer Neueindeckung die Möglichkeit, das Erscheinungsbild des Gebäudes positiv zu verändern und den Wert der Immobilie zu steigern.

114 Die Zeichnung zeigt den relativ komplizierten und mehrschichtigen Aufbau der Terrassendichtung über einer Holzbalkendecke. Wegen der mit einer Holzbalkendecke verbundenen Bewegungen und Durchbiegungen ist hierbei mit besonderer Sorgfalt zu arbeiten, um Feuchtigkeitsschäden zu vermeiden. Architekt: R. Müller, Berlin

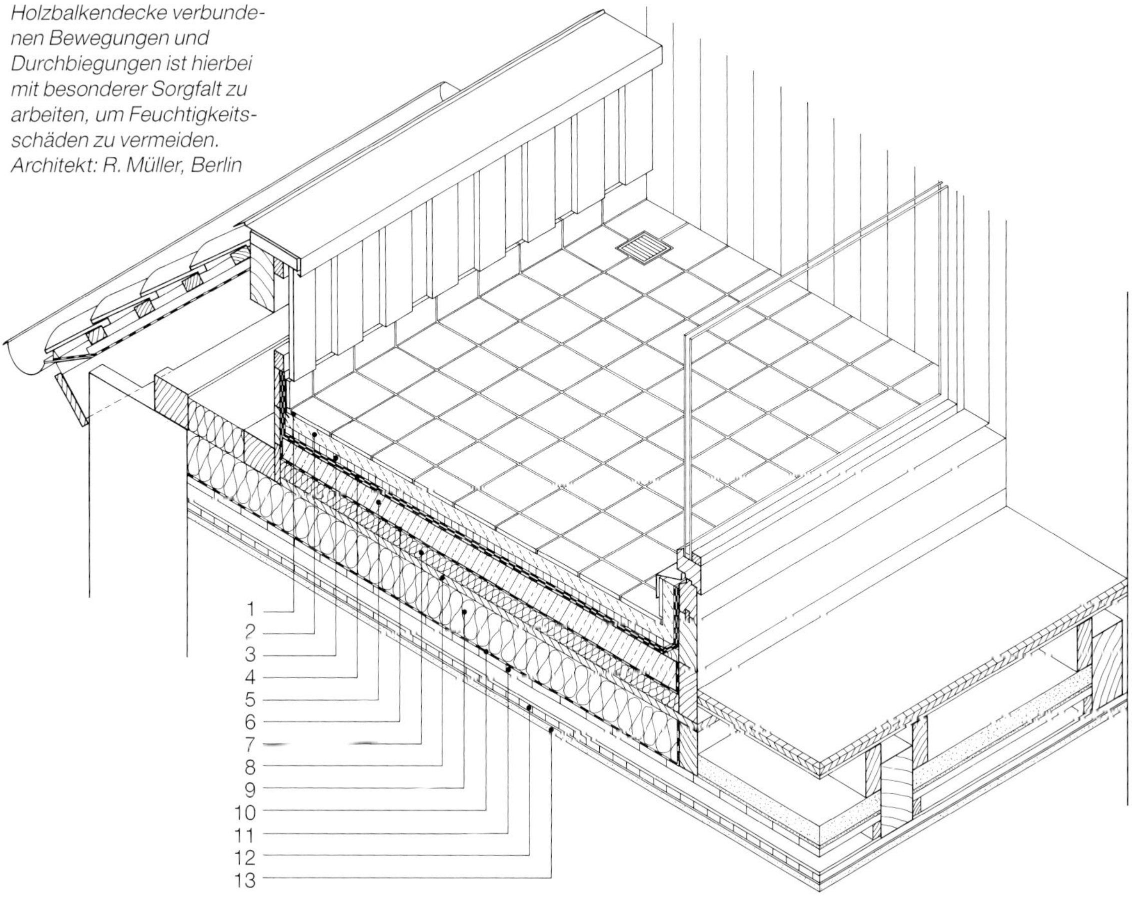

1 Fliesen, 2 bewehrter Estrich, 3 Drainagesystem, 4 drei Lagen Abdichtung, 5 Gefälleleichtbeton, 6 PE-Folie, 7 Styropor-Platten, 8 Spanplatten, 9 Hohlraumdämmung, 10 Dampfsperre, 11 Schalung, 12 Schalung, 13 Putz auf Rohrgewebe.

△ 115

△ 116

▽ 117

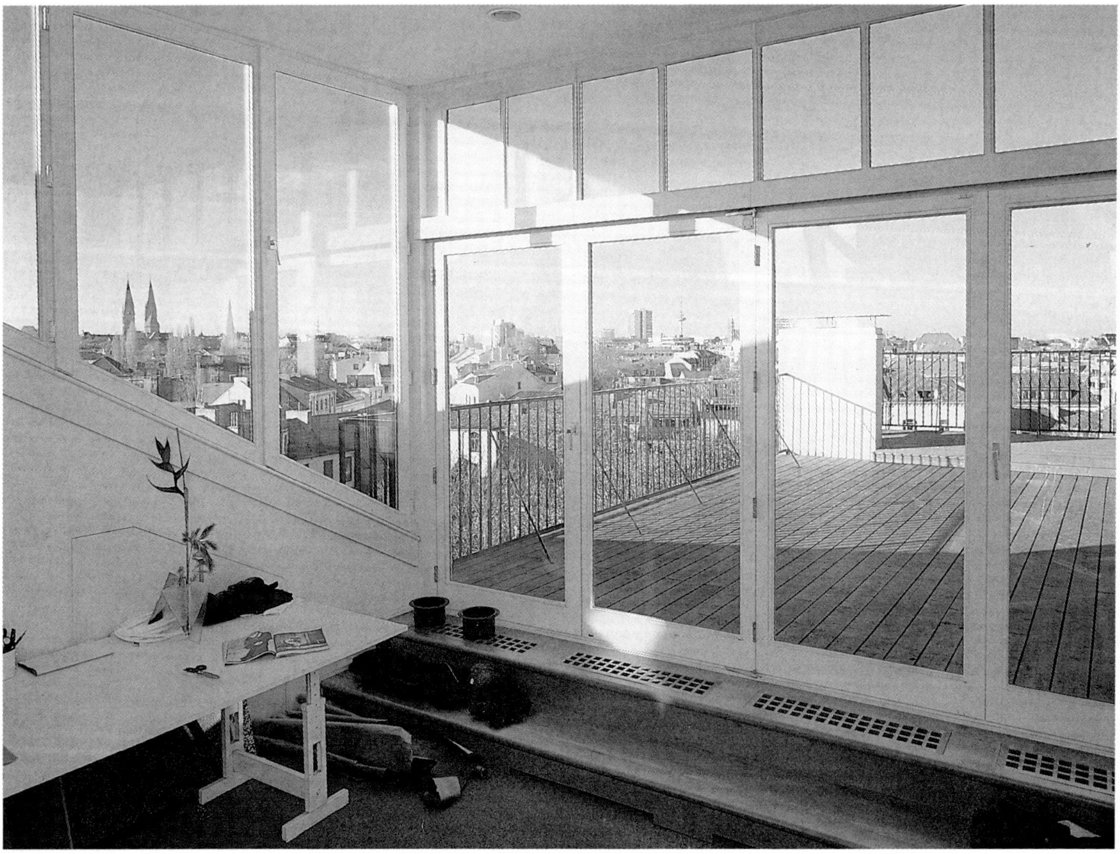

◁ 115 Einschnitt einer Dachterrasse unter Beibehaltung der ursprünglichen Dachform. Die Glaswand der Terrasse setzt sich in einem Oberlicht oberhalb des Firstes fort, wodurch sich der dahinterliegende Raum als Wintergarten nutzen läßt.
Architekt: Architekturgruppe Bergmann und Boerdner, Hünstetten

◁ 116 Oberhalb der Dichtungsebene lassen sich verschiedene Beläge einsetzen. Der einfachste und billigste Belag sind lose aufgelegte Holzroste.
Architekt: R. Müller, Hannover

◁ 117 Häufig ist der Terrassenaufbau mit seinen vielen Dämm- und Dichtungsschichten höher als der raumseitige Belag. Die entstehende Höhendifferenz muß durch Stufen überbrückt werden. Bei diesem Beispiel wurde in die oberste Differenzstufe eine Konvektorheizung eingebaut.
Architekt: H. Schmidt, Hamburg

118a und b Dieser Terrassen-Dacheinschnitt nimmt besondere Rücksicht auf Wind und Sonne. Das Sonnensegel über der Terrasse wird durch seitliche Windscheiben ergänzt, so daß ein nahezu windgeschützter Freisitz entsteht, auf dem auch der Außenkamin problemlos genutzt werden kann.
Architekt: R. Ertl, Linz

△ 119

△ 120

▽ 121

119 Element aus liegenden, hochklappbaren Dachfenstern und nach außen schlagenden, verglasten Brüstungselementen.

120 Die winkelförmig eingeschnittene Dachterrasse mit freihängendem Balkon. Innenarchitekt: W. Becher, Bayreuth

121 Bei diesem Beispiel ist eine Höhendifferenz zwischen innen und außen entstanden, die zur Aufnahme der Konvektorheizung dient. Innenarchitekt: W. Becher, Bayreuth

△ 122

△ 123

▽ 124

122 Eine tief in den Dachboden eingeschnittene Dachterrasse, die unterteilt ist in einen Wintergarten und einen Terrassenbereich. Architekt: B. Streb, Hamburg

123 Die winkelförmige Glaswand der Dachterrasse zur Belichtung des Raumes. Architekt: Hennig und Partner, Hamburg

124 Hier wurde die Dachterrasse zum wirklichen windgeschützten Gartenersatz in luftiger Höhe. Innenarchitekt: B. Streb, Hamburg

125 Im Zuge einer gesamten Haussanierung wurde die Wohnqualität der Wohnungen durch vorgehängte Stahlbalkone verbessert. Architekt: Völkner und Partner, München

126 Die filigrane Ausbildung der Balkongeländer bietet ein reizvolles Licht- und Schattenspiel auf dem Holzlattenboden. Architekt: Völkner und Partner, München

127, 128 Ausblick auf den nachträglich vorgehängten Balkon, mit einem raumbildenden Rankgerüst. Das industrielle, geschlossene Riffelblech als Bodenbelag verhindert eine Beeinträchtigung des darunterliegenden Balkons. Die Verwendung von Materialien, die eigentlich für einen anderen Zweck gedacht sind, ist oft preisgünstiger.

Architekt: Gatermann und Schossig, Köln

129, 130 Bei diesem vorgehängten Balkon ist das raumbildende Außengerüst Haltekonstruktion für ein einfaches Sonnensegel. Auch sind im Geländer Welldrahtgitter aus dem Industriebau verwendet worden. Architekt: A. Rinn, München

131–134 Häufig bringt die Vorfertigung ganzer Dachteile in der Werkstatt Zeit- und Kostenersparnis. Ein Autokran für Transport und Montage überwindet mühelos große Hürden. Nach der Montage des Glashauses wurde der Holzfußboden verlegt. Der fertige Wintergarten macht eindrucksvoll deutlich, daß sich der Aufwand lohnt.
Architekt: Behrend und Schubert, Hamburg

135, 136 Die zweigeschossige Dachterrasse zeigt, daß das Wohnen in luftiger Höhe keinen Verzicht auf üppigen Bewuchs bedeutet. Oberhalb des alten Gesimses ist das Dach aufgestockt worden. Durch die Fassadensanierung und die Aufstockung des Daches hat das Haus heute wieder eine besondere Qualität erhalten.
Architekt: R. Müller, Berlin

FENSTER

Der unausgebaute Dachboden alter Häuser verfügt in der Regel nur über sehr kleine Belichtungsflächen wie einfache Ausstellfenster oder gläserne Ziegel. Für einen Trockenboden oder Abstellraum reicht das aus, für eine Wohnung nicht. Die Bauordnungen der Länder schreiben vor, daß die Fensterflächen von Räumen einer Dachgeschoßwohnung mindestens ein Achtel der Grundfläche betragen müssen, wobei nur die Grundfläche mit mehr als 1,50 Meter zugehöriger Raumhöhe angesetzt werden darf. Darüber hinaus gilt für Dachflächen das gleiche Prinzip wie bei Fassaden: Bei einer Veränderung des Erscheinungsbildes ist ein Bauantrag einzureichen. Hier gehen die Gestaltungssatzungen häufig recht weit. Sie regeln die Anforderungen an Dachflächenfenster, Gauben, Gaubengrößen, Formen und Materialien. Es ist daher ratsam, die Gestaltung der Dachfläche mit dem örtlichen Bauamt abzustimmen, vor allem dann, wenn die Neugestaltung den Rahmen des Üblichen oder der Nachbarschaft verläßt – dann gilt es, die Bauaufsichtsbehörde von der Qualität der Neugestaltung zu überzeugen. Hier helfen neben den Ansichtsplänen und Perspektiven auch kleine Modelle, die die Größenverhältnisse und Proportionen aus verschiedenen Blickwinkeln verdeutlichen.

Jedes Dachfenster, gleich welcher Bauart, ist ein Eingriff in die vorhandene Dachkonstruktion, die Dachdeckung, die das Dach tragenden Sparren und auch die innere Verkleidung. Ein solcher Eingriff in die Dachhaut ist immer ein Dichtungsrisiko. Im Bereich der neuen Fenster sind daher alle Arbeiten vom Andichten über das Dämmen bis zur inneren Dampfsperre und Verschalung mit äußerster Sorgfalt auszuführen, damit weder Leckagen noch Wärmebrücken oder Zugerscheinungen auftreten. Bei der Planung der Dachfenster sollte von folgenden Anforderungen ausgegangen werden:

1. einfache Öffnungs- und Bedienungssysteme
2. Blick- und Kopffreiheit
3. Reinigung: Auch bei Dachfenstern muß bequemes und gefahrloses Putzen der Außenscheibe gewährleistet sein.
4. Reparaturen und Anstricharbeiten sollten ohne Gerüst ausgeführt werden können.
5. Die Belichtungsfläche von einem Achtel der Grundrißfläche stellt ein notwendiges Minimum dar. Gerade im Dachgeschoß ist aber die Lichtmenge und die Lichtführung besonders wichtig, da Anzahl und Anordnung der liegenden und stehenden Fenster ganz wesentlich die Nutzungsmöglichkeiten und den Raumeindruck bestimmen.
6. Belüftung: Die Dachfenster sollten mit einer Dauerlüftungsvorrichtung ausgestattet sein. Sie muß Schutz bieten gegen Schlagregen und Flugschnee.
7. Schallschutz und Wärmeschutz: Der notwendige Schall- und Wärmeschutz sollte durch entsprechende Verglasung mit Funktionsgläsern gewährleistet werden. Für den Schallschutz sind dafür unterschiedliche Glasstärken und eine Gasfüllung vorzusehen, für den Wärmeschutz Reflektionsgläser, die es auch in farbneutraler Ausführung gibt.
8. Sonnenschutz: Dachfenster in der Dachebene sind noch mehr der Sonneneinstrahlung ausgesetzt als stehende Fenster. Die Strahlung trifft senkrecht auf das Glas, was der Wirkung eines Brennglases entspricht. Die Ausbildung der Dachfenster muß daher unbedingt den Einbau von Sonnenschutzvorrichtungen erlauben. Der wirksamste Sonnenschutz liegt auf der Außenseite. Es gibt ihn als Rollo oder Jalousie aus strapazierfähigem, witterungsbeständigen Stoff für Handbedienung oder auch elektromotorisch angetrieben. Besondere Sicherheit bietet ein Witterungsmelder: Bei Regen oder Sturm wird der Sonnenschutz eingefahren.

137 *Die einfachste Form für die Belichtung der Dachwohnung mit liegenden Dachfenstern zwischen den Sparren.*

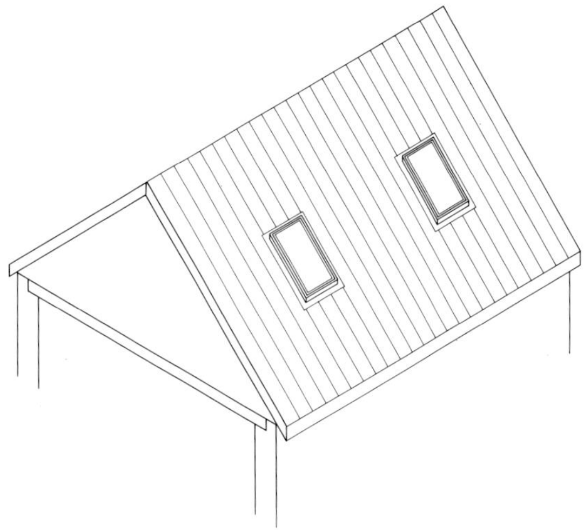

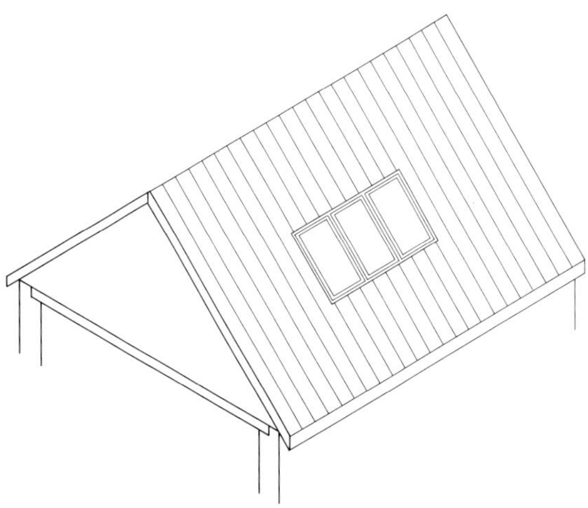

138 *Durch Zusammenfassung einzelner Dachfenster zwischen den Sparren entsteht ein Lichtband.*

Einbau von Dachfenstern

Am problemlosesten ist der Einbau von Dachfenstern jeweils in einem Feld zwischen zwei Sparren. Dadurch wird die tragende Konstruktion nicht angetastet. Allerdings ergeben sich hierbei verhältnismäßig schmale Fenster, da die Sparrenabstände meist nur etwa 80 cm betragen. Beim Einbau breiterer Fenster ist die Auswechslung von Sparren erforderlich, das heißt, je nach statischen Möglichkeiten werden ein oder zwei Sparren herausgeschnitten und die von ihnen getragenen Lasten über einen Wechselbalken auf die Nachbarsparren umgeleitet und abgetragen. Dies bedeutet einen entscheidenden Einschnitt in die tragende Konstruktion des Daches und sollte unbedingt mit einem Statiker abgesprochen werden.

Es gibt verschiedene Arten von Dachfenstern, deren Einsatz nach Konstruktionsgegebenheiten, Gestaltungs- und Kostengesichtspunkten erfolgen sollte.

Dabei ist die preisgünstigste Lösung sicher das *Dachflächenfenster*, das in oder auf der geneigten Dachfläche liegt. Es gibt diese Fenster in vielen Normmaßen und Ausführungen, auch als komplett fertige Montageeinheiten mit Eindeckrahmen, die die Andichtung an die Dachdeckung gewährleisten und die in den meisten Fällen, bis auf Übergrößen, bereits verglast sind. Dachflächenfenster lassen sich in geneigten Dächern von 25–85 Grad Neigung einbauen. Für flachere Neigungen gibt es aufgesattelte Fenster, deren 8 cm hohe Aufkantung einen zusätzlichen Schutz gegen Schnee- und Wassereintritt bietet.

Es ist bei der Planung darauf zu achten, daß die Fensteroberkante der Dachfenster nicht niedriger ist als die Augenhöhe im Stehen, und daß die Fensterunterkante nicht höher ist als die Augenhöhe im Sitzen. Größere Höhen über Kopf erleichtern nicht nur die Aussicht, sie geben dem Raum auch optisch mehr Höhe. Die Bedienung der hochliegenden Fenster kann über Gestänge oder Motoren erfolgen. Für Dachflächenfenster gibt es verschiedene Öffnungsarten:

139 Die heutige Technik in der Schrägverglasung ermöglicht es, auch ganze Dachflächen in Glas aufzulösen.

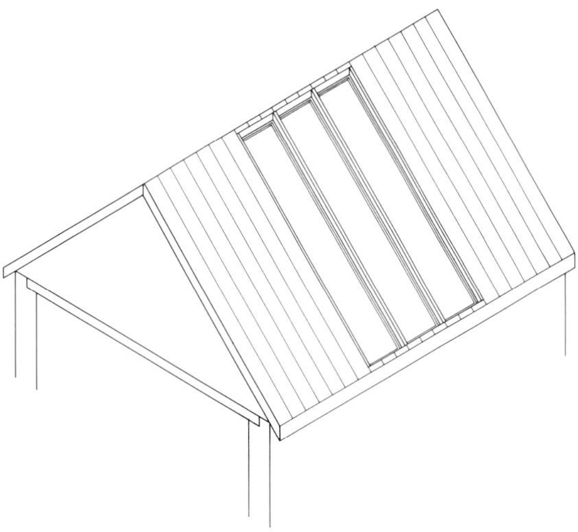

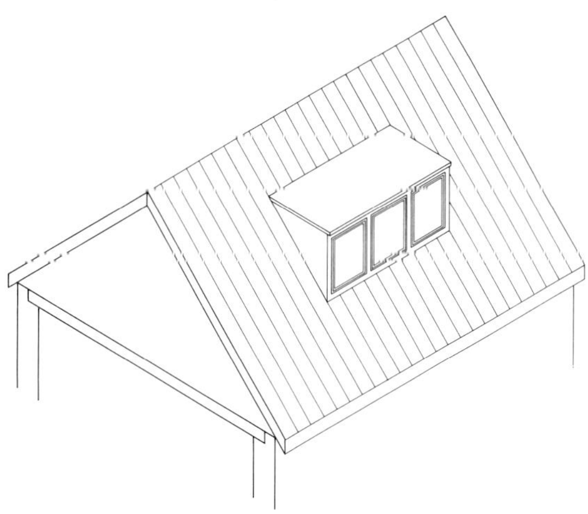

140 Ein traditionelles Mittel der Belichtung sind die Gauben, die den Vorteil senkrechter Glasflächen und nutzbarer Raumhöhen bieten.

Schwingfenster: Sie drehen sich beim Öffnen um die Mittelachse, erleichtern das Putzen, haben aber den Nachteil, daß sie im geöffneten Zustand in den Raum hinein stehen.

Klapp-Schwingfenster: Sie lassen sich als Ausstellfenster mit oberem Anschlag leicht bedienen, man kann ganz an die Brüstung herantreten und hat so bei ausreichender Höhe einen freien Ausblick. Der Nachteil dieser Konstruktion ist, daß sich die Außenscheiben schwer reinigen lassen.

Klapp-Schiebefenster haben den Vorteil, daß sie sich seitlich auf die Dachfläche schieben lassen und so einen ganz freien Blick in den Himmel erlauben. Zum Putzen muß man sich allerdings weit aus dem Fenster lehnen, deshalb sollte die Fensterbreite bei einseitiger Schiebevorrichtung nicht über 70 cm liegen.

Stehende Fenster: Für eine größere Kopf- und Bewegungsfreiheit sorgen Dachgauben, deren Konstruktion auf den Dachsparren aufgebaut wird. Sie erweitern – wie ein Erker einer Normalgeschoßwohnung – den Raum, sind jedoch konstruktiv aufwendiger und erheblich teurer als liegende Fenster, auch ist der Lichteinfall bei gleicher Größe geringer. Dachgauben können einzeln und in Reihen auf die Dachkonstruktion aufgebaut werden. Wenn Dachgauben sinnvoll sein und den dahinterliegenden Raum wirklich erweitern sollen, müssen mehrere Sparren ausgewechselt werden.
Die Form der Gauben sollte auf den Stil und die Dachform des Hauses abgestimmt werden. Ihre Größe und Anordnung prägen die Dachlandschaft, und so manche schöne Fledermausgaube bringt zwar innen ausreichend Licht, außen aber erdrückt sie das Dach und macht das Gebäude unangenehm kopflastig. Auch hier sind die besten Lösungen die, die ganz selbstverständlich aussehen, so, als wäre der Dachbodenausbau von Anfang an schon in die Planung des Hausbaues miteinbezogen gewesen.

142 Hier wurden drei einzelne Dachflächenfenster zwischen den Sparren zu einem Lichtband zusammengefaßt. ▷

Eine Kombination aus liegenden und stehenden Fenstern – stehende Fenster im Brüstungsbereich, liegende Fenster in Kopfhöhe – führt zu einem verglasten Dachbalkon. Solche Systeme werden als komplette Einheiten mit Eindeckanschlüssen geliefert und sind leicht zu montieren. Dachflächen- und Dachfenster gibt es in den Materialien Aluminium, Holz-Aluminium und Kunststoff. Die Aluminiumfenster gibt es mit eloxierten oder farbig beschichteten Außenflächen, Holz-Aluminiumfenster sind außen mit farbigen oder eloxierten Profilblechen abgedeckt. Die Innenverkleidung läßt sich in Farbton und Holzart auf das Flügelholz abstimmen. Hier werden Innenausbaueinheiten für waagerechte und senkrechte Verschalungen in einer breiten Farb- und Lasurpalette angeboten.
Dachflächenfenster und Gauben bringen zwar eine gute Belichtung, bestimmend für den Raumeindruck bleibt aber die Abfolge der schrägen Wände. Großzügiger wirkt die Dachwohnung, wenn sich an einigen Stellen die Außenwand senkrecht hochziehen läßt und größere Bereiche mit geraden Wänden entstehen. Es ergibt sich dann die Qualität einer Geschoßwohnung mit dem charakteristischen Charme und den Lagevorteilen einer Dachwohnung. Dabei können die geraden Außenwände zur Straße oder zur Rückfront liegen, oder auch durch ein in das Dach eingeschnittenes Atrium gebildet werden. Neben den baurechtlichen Schwierigkeiten einer solchen Lösung stellt sich auch immer die Frage, wann welcher Gestaltungs- und Komfortstandard eingebaut werden soll. Die Erfahrung hat gezeigt, daß sich eine sorgfältige Planung mit Langzeitperspektiven, das heißt Werterhaltung, Wertsteigerung und eine mögliche Veräußerbarkeit der Wohnung, immer auszahlt, da jeder nachträgliche, erneute Umbau erheblich mehr Mühe, Aufwand und Kosten bedeutet. Eine sorgfältige Budgetierung unter Kosten-Nutzenaspekten sollte daher unbedingt immer die Planung der Belichtung begleiten.
In den letzten Jahren hat die Entwicklung der Schrägverglasungen enorme Fortschritte gemacht. Was im Bürohausbau heute fast schon zum normalen Standard zählt, läßt sich konstruktiv auch auf den Geschoßbau und das Ein- und Mehrfamilienhaus übertragen. So lassen sich Dachteile oder ganze Dächer vollflächig mit geneigten Fassadensystemen verglasen, Firstbereiche zu Lichtraupen auflösen oder Giebel- und Satteldachflächen zu großzügigen Wohnwintergärten auf dem Dach gestalten. Konstruktiv haben solche geneigten Flächen durchaus Dachqualität, nur den Wärme- und Schallschutz einer Außenwand kann man durch solche großflächigen Fassadensysteme nicht erreichen – aber außergewöhnliche Lösungen entschädigen sicher für so manchen db- oder k-Wert-Kompromiß.

141 Heutige Systeme für liegende Dachfenster liefern Fenster, Sonnenschutz, Dauerbelüftung, seitliche und untere Auskleidung aus Holz.

143 Dachflächenfenster lassen sich nicht nur in der Breite, sondern auch in der Höhe addieren, wodurch sich ganze Lichtbänder zwischen Drempel und First herstellen lassen. In diesem Fall wird durch die Addition der Fenster in die Höhe auch die Galerie belichtet.

144 Ein Beispiel für zweistöckig angeordnete Dachfenster, hier zur Belichtung der Galerie.
Architekt: Fuge und Lippmann, Hannover

145 Die System-Dachflächenfenster bieten verschiedene Öffnungsarten an, oben Ausstellfenster, unten Schwingfenster.

146 Größere Dachfenster erfordern die Abfangung der herausgeschnittenen Sparren.
Architekt: R. Müller, Berlin ▷▷

147 Die Festverglasung dieses Beispiels ist durch schlanke Profile in das Maßsystem des Fachwerks aus Stielen, Pfetten und Sparren fast nahtlos eingefügt worden. ▷▷

△ 146

▽ 147

148–150 Die Größe der Dachfenster sollte im richtigen Verhältnis zum Raum stehen. Die optimale Belichtung kann je nach Gestaltungsabsicht auf verschiedene Weise erreicht werden: durch einzelne in der Höhe addierte Fenster, durch die Addition von festverglasten und zu öffnenden Flächen und durch eine kostengünstige Reihung einzelner Dachflächenfenster.
149 Architekt: R. Müller, Berlin
150 Architekt: Behrend und Schubert, Hamburg

151 Die geringen Dimensionen der tragenden Stahlbauteile liefern zusammen mit schlanken Fensterprofilen ausgeprägte Transparenz. Das Problem des Sonnen- und Blendschutzes läßt sich unterm Dach auch mit motorisch gesteuerten, textilen Stores lösen.
Architekt: Architekturbüro Schaudt, Konstanz ▷

152 Die abgebildete Dachlandschaft zeigt die verschiedenen Möglichkeiten für die Dachraumbelichtung: Den alten, in ihren Belichtungsflächen begrenzten Dachgauben steht die neue Ganzglashaube gegenüber, daneben liegende Dachfenster.
Architekt: W. Becher, Bayreuth

153 Durch die enge Addition einzelner liegender, bis auf den Fußboden reichender Fenster lassen sich atelierfensterähnliche Belichtungsflächen schaffen.

154 Durch auswärtsschlagende Lüftungsklappen läßt sich Kopffreiheit in den Fenstern erreichen. Feldweise lassen sich kleine Austritte anordnen. ▽

155 Hier wurde die ursprüngliche Fachwerkkonstruktion mit ihren Dachsparren freigelegt und – um mehr Raumhöhe zu gewinnen – eine leichte Stahlgaube nach außen vorgestellt. Die schlanken Stahlprofile schaffen einen deutlichen Gegensatz zur Fachwerkkonstruktion.
Architekt: Plesch und Weller, Stuttgart

◁ 156 Ein mehrgeschossiges Lichtband belichtet sowohl den tiefen, unteren Raum als auch die darüberliegende Galerieebene, deren gläserne Verbindungsbrücken zusätzliche Transparenz schaffen. Architekt: Dinse und Feest, Hamburg

157 Der neugebaute Giebel betont den oberen Gebäudeabschluß und schafft die Fläche für ein großes, vertikales Dachfenster. Architekt: Gatermann und Schossig, Köln

158 An der Gebäuderückseite wird das Giebelmotiv als Gaube wiederholt. ▽

159, 160 Innen- und Außenansicht einer leichten Metall-Ganzglasgaube, die dem schwachgeneigten Dach die notwendige Raumhöhe verleiht. Architekt: H. Schmidt, Hamburg

161, 162 Innen- und Außenansicht einer metallenen Gaube als Verlängerung des Erdgeschoßfensters. Im oberen Bereich wurde die Gaubenfront mit wärmegedämmten Metallpaneelen gegen Einblicke in das Bad geschlossen.
Architekt: AIS, Hamburg

163 (Seite 104, 105) Hier ist die tonnenförmige Ausbildung der großen Belichtungsfläche mehr als eine Dachgaube: Sie führt zu einer wesentlichen Erweiterung des Raumes und zu einem besonderen gestalterischen Element.
Architekt: H. H. Seibold, Hamburg

△ 164

△ 165

▽ 166

△ 167

△ 168

▽ 169

167, 168 Die ehemals schiefergedeckte Dachtonne wurde aufgebrochen und durch eine leichte Metallkonstruktion ersetzt. Architekt: R. Müller, Berlin

169 Gegen zu starke Sonneneinstrahlung, Blendung und zur Verdunkelung läßt sich horizontal ein farbiger Vorhang ausfahren.

◁ 164, 165 Das Besondere an dieser Gaubenausführung ist, daß sie sowohl in das Dach eingeschnitten als auch raumbildend auf einer Stahlkonsole vor die Fassade gehängt ist. Der gläserne Boden löst die Gaube optisch von der Putzfassade. Architekt: H. H. Seibold, Hamburg

◁ 166 Das Foto vermittelt einen Eindruck von der großzügigen Belichtung, die diese vorgehängte Gaube schafft. Architekt: H. H. Seibold, Hamburg

*170, 172 Die Gebäudekontur ist durch den Aufbau einer zweigeschossigen Dachtonne auf dem alten verputzten Erker betont worden: Das Motiv des abgerundeten Erkers wird mit der Tonne wieder aufgenommen.
Architekt: W. Gerischer, Düsseldorf*

171, 173 Die abgerundete Tonne ist Giebel und innerer, vorderer Raumabschluß zugleich.

174 Zur Belichtung der angrenzenden Räume wurden Wände entfernt und durch verstellbare Glaslamellen ersetzt. Architekt: R. Leinweber, Berlin

175, 176 Hier handelt es sich um einen zweigeschossigen Dachausbau, dessen untere Ebene von Tonnengauben belichtet wird. Die obere Ebene besteht aus einem wintergartenähnlichen Glashaus aus Metall mit weitem Blick über die Stadt. Architekt: H. H. Seibold, Hamburg

DER AUSBAU

◁ *177 Aus der Dachschräge ist ein wintergartenähnlicher Raum entwickelt worden, über den auch die inneren Raumbereiche belichtet werden.*
Architekt: R. Leinweber, Berlin

RAUMTRENNWÄNDE

Wenn die Aufteilung der Dachbodenfläche, also der Grundriß, festgelegt ist, müssen in den leeren Dachraum die Trennwände zwischen den einzelnen Räumen eingebaut werden. Befestigungspunkte für die Wandkonstruktionen sind die Sparren, Pfetten, Stiele und der Fußboden. Um die Belastung der Decke zwischen dem letzten Normalgeschoß und der zukünftigen Dachwohnung gering zu halten, werden meistens leichte Wandkonstruktionen bevorzugt, die außerdem einfach, trocken und schnell zu errichten sind. Gemauerte Wände dagegen sind schwer und bringen Feuchtigkeit durch Mörtel und Putz in den Dachboden, was den Baufortschritt unnötig verzögert. Bei vorhandenen Holzbalkendecken ist immer auch mit Schwingungen zu rechnen, die in starren, gemauerten Wänden leicht zu Rißbildungen führen. Diese Schwingungen lassen sich bei Leichtbauwänden auf Lastverteilungsschwellen leichter abfangen.

Leichtbauwände bestehen aus der Ständerkonstruktion, beidseitigen dünnen Verkleidungen und der Füllung des Hohlraumes mit Schalldämmeinlagen. Jede Art von Aufhängungen, insbesondere bei Bädern und Küchen, also für Waschbecken, Toiletten und Küchenhochschränke muß vorher genau geplant und festgelegt werden. An solchen Stellen müssen in der Wand horizontale Riegel eingebaut werden, an denen schwere Gegenstände befestigt werden können.

An Trennwände innerhalb einer Dachwohnung werden zwar baurechtlich keine besonderen Schallschutzanforderungen gestellt, dennoch sollte auf eine gute Schalldämmung zwischen den einzelnen Räumen geachtet werden. Dieses sind die wesentlichen Merkmale, die bei der Konstruktion von Trennwänden zu beachten sind:

Die Schalldämmung ist um so besser,
- je größer der Abstand der Stiele in der Wand ist
- je weicher die Verbindung zwischen den beiden Beplankungen (Schalen) ist
- je besser die Hohlraumdämmung ist, zum Beispiel durch eingelegte mineralische Faserdämmstoffe
- je schwerer und je biegeweicher die Beplankungen sind, zum Beispiel eine zweilagige Beplankung statt einer einlagigen
- je starrer die Beplankungen mit der Unterkonstruktion verbunden sind
- je sorgfältiger die neue Raumtrennwand und der vorhandene Fußboden durch einen Filzstreifen gegen Schallübertragung getrennt werden.

Die beste Schalldämmung ist zu erreichen, wenn beide Beplankungen doppellagig und völlig voneinander getrennt ausgeführt werden. Es sollte versucht werden, durch entsprechenden Wandaufbau auch innerhalb einer Dachwohnung ein Luftschallschutzmaß von 42 db zu erreichen. Bei Wänden, die zwei Dachwohnungen voneinander trennen, wird baurechtlich ein Luftschallschutzmaß von 53 db verlangt.

An den Feuerwiderstand von Wänden innerhalb der Wohnung werden in der Regel keine Anforderungen gestellt. Eine Ausnahme bilden die Trennwände zwischen zwei Dachwohnungen. Hier wird die Erfüllung der Feuerwiderstandsdauer von F 90 zur Auflage gemacht, das heißt, die Wand muß 90 Minuten der Beflammung standhalten. Und das aus gutem Grund: In jedem Jahr entstehen weit über 100 000 Brände in Wohngebäuden, das heißt, daß innerhalb von 60 Jahren mindestens in jedem vierten Haus ein Brand ausbricht. Brandschutztechnische Probleme gibt es dabei vor allem bei älteren Gebäuden, die heute wesentlich intensiver genutzt werden als zum Zeitpunkt ihres Entstehens. Ein vorsorgender Brandschutz ist nicht unbedingt eine Frage der Kosten, sondern vielmehr der richtigen Planung und Materialauswahl.

Leichte Trennwände in der Wohnung können in zwei Konstruktionsarten ausgeführt werden:

1. *Metallständer* mit beidseitiger ein- oder zweilagiger Beplankung aus Gipskartonplatten, Spanplatten, Sperrholzplatten oder Holzschalung (Profilbretter oder Paneele) und einer Hohlraumdämmung aus mineralischen Faserdämmstoffen. Gegenüber den üblichen 12,5 mm star-

178, 179, 180 Leichte Trennwände lassen sich sowohl in Holzkonstruktion als auch in Metallständerkonstruktion mit beidseitiger Beplankung und innenliegender Schalldämmung herstellen.

ken Platten werden heute zunehmend stärkere Platten mit 25 mm Dicke verwendet, die sowohl die Schalldämmung als auch durch eine wirksamere Feuchteregulierung das Raumklima verbessern.

2. An die Stelle der Metallständer treten *Holzständer*. Die Beplankungsmöglichkeiten sind die gleichen wie bei den Metallständerkonstruktionen.

Für die Oberflächengestaltung der Beplankung gilt:
Gipskartonplatten müssen vor dem Tapezieren sorgfältig an den Stößen und den Schraublöchern verspachtelt werden.
Holzunterkonstruktionen »arbeiten«, das heißt, sie schwinden und quellen, so daß an den Wandanschlüssen Fugen entstehen können.
Aufgeklebte Glasfasergewebe nehmen diese Bewegungen in der Regel auf, so daß keine störenden Risse entstehen. In Küche und Bad sind unbedingt besondere Gipskartonplatten für Feuchträume zu verwenden.
Auf Span- oder Sperrholzplatten ist das Tapezieren nicht möglich, da sich die Plattenstöße abzeichnen. Hier kann man nur die Fugen bewußt betonen, wobei die hinterlegte Fuge in der Breite der Plattenstärke entsprechen sollte.
Wandartige Trennungen zwischen Räumen können aber auch mit Hilfe von eingestellten, fest eingebauten Schrankwänden erreicht werden. Werden diese als Kleiderschränke genutzt, kann ihre Schalldämmwirkung ähnlich gut sein wie die einer gedämmten Leichtbauwand.
Auch die raumtrennende Innenwand ist nicht nur Funktionselement im Hinblick auf Schalldämmung und Brandschutz. Ihre Form, die Materialwahl und die Möglichkeiten der Oberflächengestaltung in Farbe und Textur bestimmen zusammen mit der Lichtführung den Raumeindruck. Gerade bei den manchmal relativ kleinen Räumen einer Dachgeschoßwohnung mit den sichtbaren Balken und Konstruktionselementen zahlt es sich aus, bei der Planung diesen vielfältigen Abhängigkeiten Beachtung zu schenken.

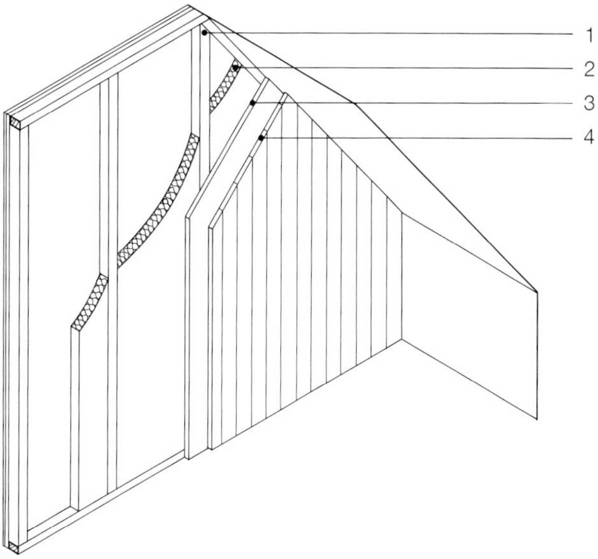

*181 Diese Holzständerkonstruktion ist aus schalltechnischen Gründen beidseitig zweimal – Holzschalung und Gipskartonplatten – beplankt.
1 Holzständerwerk,
2 Hohlraumdämmung,
3 Spanplatten, 4 Profilholzschalung.*

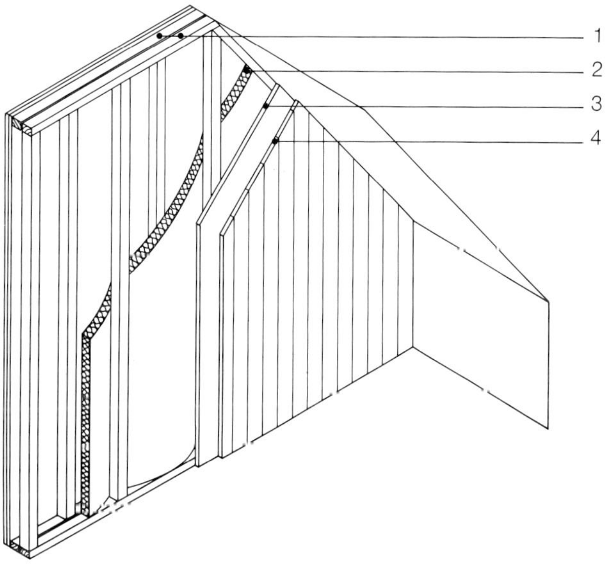

*182 Höhere Schalldämmwerte lassen sich durch zweischalige Ständerkonstruktionen erreichen. Allerdings ist dabei auch der Platzbedarf doppelt so groß.
1 Holzständerwerk zweischalig, getrennt, 2 Hohlraumdämmung, 3 Spanplatten, 4 Profilholzschalung.*

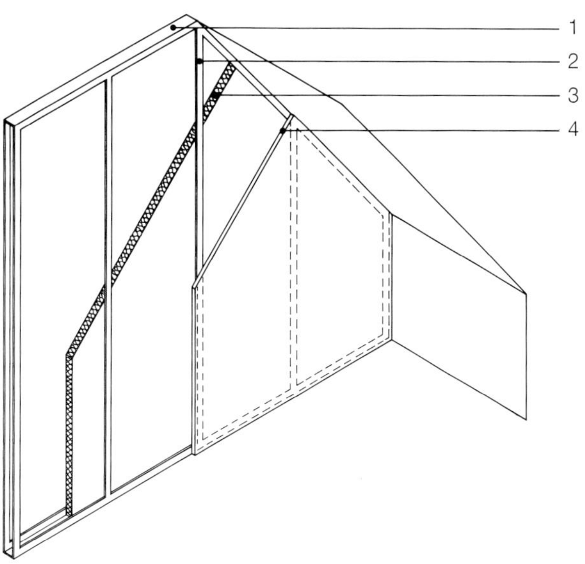

*183 Die Metallständerkonstruktion ist gegenüber der Holzständerkonstruktion bei nahezu gleichen Kosten erheblich leichter.
1 Metallrahmen, 2 Metallständer, 3 Hohlraumdämmung, 4 Gipskartonplatten.*

184 Durch die besonders ausgeformten Wanddurchbrüche entsteht eine interessante, deutlich wahrnehmbare Raumfolge. Architekt: Gatermann und Schossig, Köln

185 Dachkonstruktion und Raumtrennwände sind einheitlich aus brandschutztechnischen Gründen mit Gipskartonplatten beplankt. Architekt: Dinse und Feest, Hamburg

186, 187 Neuen Trennwänden aus Gipskartonplatten steht das teils geöffnete Fachwerk mit Resten der alten Ausfachung gegenüber. Architekt: Plesch und Weller, Stuttgart

188 Andere Formen von Trennwänden – wie hier die transparente Wand aus Glasbausteinen – sind denkbar, wenn deren Gewicht von der Deckenkonstruktion aufgenommen werden kann. Architekt: Völkner und Partner, München ▷

189 Raumabtrennungen können auch durch Schiebetüren hergestellt werden, hier vor Einbauschränken. Architekt: R. Leinweber, Berlin

190 Trennwände müssen nicht unbedingt bis unter die Decke reichen, sie können vorher aufhören, wodurch das Raumgefüge sichtbar bleibt.
Architekt: Melzer und Meirer, Worms

191 Zwei Ansichten einer Raumtrennwand, die eine Seite ist als Wand geschlossen, die innere Seite ist als Schrank ausgebildet.
Architekt: Behrend und Schubert, Hamburg

192 Hier besteht die Raumtrennung aus einem in die beiden Dachschrägen eingebauten Schrank.

TREPPEN

Die Erschließung der Dachräume in den großen alten Mietshäusern ist in der Regel kein Problem, da das Treppenhaus bis in das Dachgeschoß führt. Anders ist es beim Einfamilienhaus. Hier diente der Dachboden meist als Abstellraum, der oft nur durch eine steile Stiege oder eine Einschubtreppe begehbar war. Für eine Wohnnutzung werden diese Treppen nicht ausreichen. Es entsteht das Planungsproblem »Treppe«, sowohl in der unteren Ebene, wo bisher genutzte Flächen für den Einbau der neuen Treppe ins Dach entfallen, als auch im Dachgeschoß, wo auf ausreichende Stehhöhe und Fläche am Austritt zu achten ist. Darüber hinaus müssen die Brandschutzvorschriften beachtet und die Frage nach dem zweiten Fluchtweg geklärt werden.
Dachgeschosse mit steilen Dachneigungen und entsprechender Firsthöhe ermöglichen häufig den Einbau einer zweiten Ebene innerhalb der Dachwohnung, die zum Beispiel als in den Wohnraum hineinragende Galerie genutzt werden kann: als kleiner Arbeitsplatz, als zusätzliche Schlafebene, kleine Bibliothek oder einfach nur als Ausguck mit weitem Blick über die Stadt.
Voraussetzung für den Einbau einer solchen zweiten Ebene ist die Klärung der Frage, ob die Dachsparren die zusätzlichen Lasten noch tragen können oder ob Verstärkungen eingebaut werden müssen. In jedem Falle stellt auch der Einbau einer Galerie die Planungsaufgabe »Treppe«. Alle Treppen, die von der Normalebene zum Beispiel im Einfamilienhaus oder innerhalb des Dachgeschosses auf eine Galerie führen (geeignet und zugelassen für ständigen Aufenthalt), müssen gemäß den Richtlinien für Gebäudetreppen (DIN 18065) mindestens 80 cm breit sein. Sie dürfen ein maximales Steigungsverhältnis von 20 cm Höhe zu 23 cm Auftritt nicht überschreiten. Leichter und bequemer zu begehen ist allerdings ein Steigungsmaß von 17 auf 29 cm, eine solche Treppe beansprucht aber auch wesentlich mehr Lauflänge und damit Platz.
Die Durchgangshöhe über der Treppe muß an jeder Stelle mindestens 2 Meter betragen, auch in der Dachschräge am Treppenaustritt. Das Treppengeländer darf an keiner Stelle niedriger sein als 90 cm, bei Stabgeländern darf der Abstand der vorgeschriebenen senkrechten Stäbe nicht größer sein als 12 cm. In jedem Falle sind für eine erfolgreiche Bauabnahme die Vorschriften der jeweiligen Landesbauordnungen zu beachten, beziehungsweise das örtliche Bauamt zu befragen. Auch bei den Baubehörden hat sich inzwischen ein Sinneswandel vollzogen, so daß an einer übermäßig strengen Auslegung der Vorschriften die Schaffung zusätzlichen Wohnraumes unterm Dach in der Regel nicht scheitern wird.
Zu prüfen ist auch, ob die letzte Geschoßdecke die Last der zusätzlichen Treppe noch aufnehmen kann. Dies ist meist der Fall, da es Treppenkonstruktionen in besonders leichter Ausführung gibt, die speziell für dieses Problem entwickelt wurden. In jedem Falle sollte der Statiker zu Rate gezogen werden, wenn an der Geschoßdecke konstruktive Veränderungen notwendig werden.
Im Brandfalle ist die Treppe häufig der entscheidende Rettungsweg. Art, Anlage und Begehbarkeit der Treppe sollten auch unter diesem Aspekt geplant werden, ebenso ist die Frage zu klären, wie die Möbel auf die Galerie getragen werden können – eine Spindeltreppe setzt hier Grenzen.
Über die reine Funktion hinaus ist die Treppe ein wichtiges Gestaltungselement: Sie bestimmt durch ihre Form und die Materialwahl ganz wesentlich den Raumeindruck. In den meisten Fällen wird man sich angesichts des relativ knappen Raum- und Flächenangebotes unterm Dach für eine möglichst transparente Lösung entscheiden. Eine filigrane, offene Konstruktion beeinträchtigt den Gesamteindruck des Raumes weniger als eine einläufige Treppe, die vollflächig mit Einbauschränken unterbaut wird.

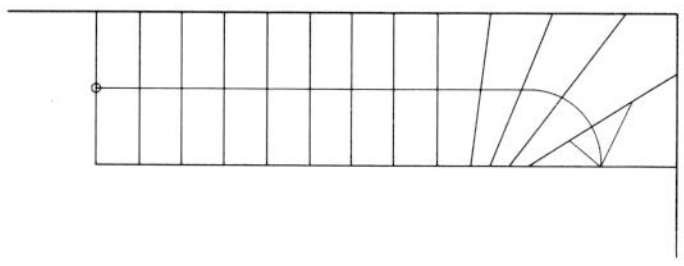

193a Einseitig viertelgewendelte Treppe
14 Stg. 20/23 cm, Geschoßhöhe: 2,80 m, Platzbedarf: 2,51 m², Breite: 80 cm, Länge 3,14 m.

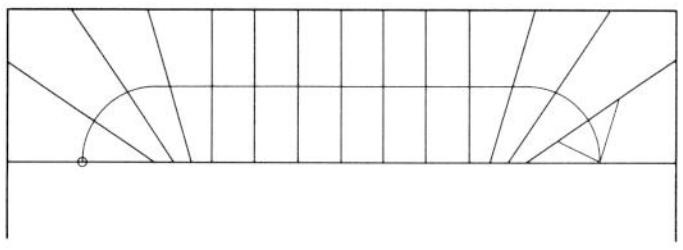

193b Beidseitig viertelgewendelte Treppe
14 Stg. 20/23 cm, Geschoßhöhe: 2,80 m, Platzbedarf: 2,90 m², Breite: 80 cm, Länge: 3,62 m.

Treppenformen

Treppen können in folgenden Formen ausgeführt werden:
- einläufig gerade
- einläufig gerade mit Austritt viertelgewendelt
- einläufig gerade mit beidseitig viertelgewendeltem Austritt
- zweiläufig mit Halbpodest
- zweiläufig und halbgewendelt
- Spindeltreppen
- Raumspartreppen (allerdings nur als Nebentreppe zugelassen)

Um Platz zu sparen, werden häufig gewendelte Treppen den geraden Formen vorgezogen. Besonders Spindeltreppen benötigen im Vergleich zu anderen Treppenarten nur eine geringe Grundfläche von 1,70 Metern im Durchmesser.
Die Form des Treppenlaufs sollte aber auch den persönlichen Gehgewohnheiten und Vorlieben angepaßt werden. Nicht jeder mag sich bei großer Geschoßhöhe eine Spindeltreppe hinaufwinden – ein gerader Treppenlauf erfordert zwar mehr Platz, ist aber auch wesentlich komfortabler zu begehen.
Treppen wurden früher in zeitaufwendiger handwerklicher Arbeit hergestellt. Heute werden neben individuellen, jedoch meist industriell gefertigten Treppen vielfach Typentreppen als komplette Bausätze angeboten, die in der Regel bereits endbehandelt sind und in kurzer Zeit montiert werden können.
Bevorzugte Materialien für Treppen sind Holz oder Stahl und auch Stein, wobei die Stahltreppen meistens leichter und transparenter aussehen als vergleichbare Holz- und Steinkonstruktionen, da die Materialstärken sehr viel schlanker ausgeführt werden können.

Die Beispiele zeigen, welchen Stellenwert die Treppe bei vielen Entwürfen inzwischen wieder einnimmt. Es wird mit den unterschiedlichsten Formen experimentiert, es werden Materialien wirkungsvoll kombiniert, dem Antritt wird formal eine besondere Bedeutung gegeben, ebenso der Ausführung des Geländers und der Farbgebung.

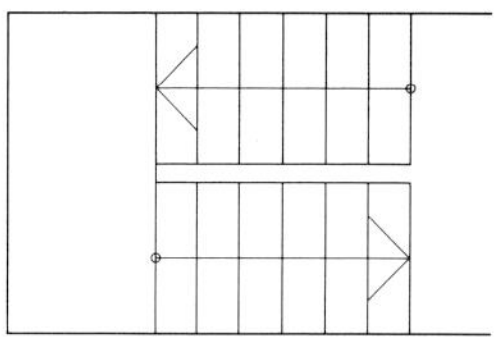

194 Zweiläufige Treppe mit Zwischenpodest
14 Stg. 20/23 cm, Geschoßhöhe: 2,80 m, Platzbedarf: 3,71 m², Breite: je 80 cm, Länge 2,18 m.

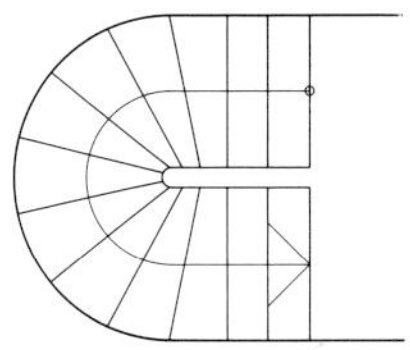

195 Halbgewendelte Treppe
14 Stg. 20/23 cm, Geschoßhöhe: 2,80 m, Platzbedarf: 2,41 m², Breite: je 80 cm.

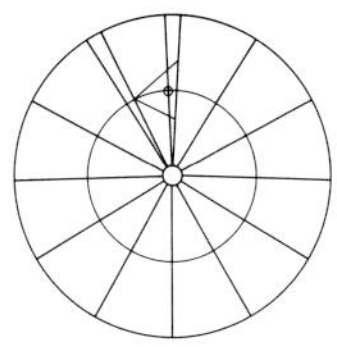

196 Spindeltreppe
14 Stg. 20/23 cm, Geschoßhöhe: 2,80 m, Platzbedarf: 2,27 m², Breite: 80 cm

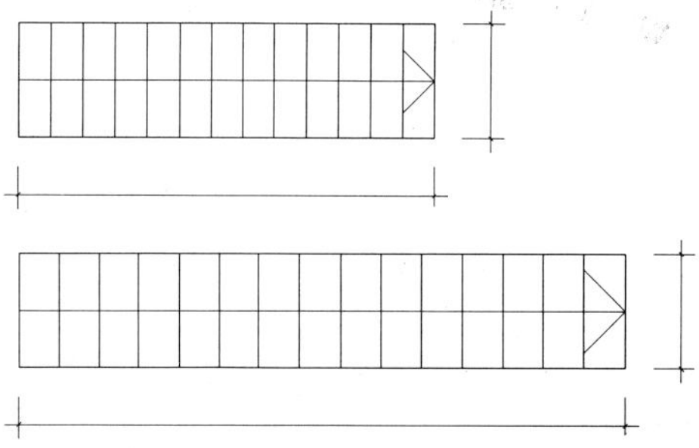

197a und b Vergleich des Platzbedarfs bei unterschiedlichen Maßen für Auftritt und Steigung.
197a Einläufige Treppe
14 Stg. 20/23 cm, Breite: 80 cm, Länge: 2,99 m.
197b Einläufige Treppe
16 Stg. 17,5/29 cm, Breite: 80 cm, Länge: 4,35 m, Geschoßhöhe: 2,80 m.

198, 199 Ein Beispiel für eine expressive Treppenlösung: Wangen und Stufen bestehen aus scharfkantigem Stahlblech.
Architekt: Dinse und Feest, Hamburg

200 Diese Stahlkonstruktion verläuft entsprechend den Auftritten und Steigungen, wodurch das Treppenprofil besonders deutlich wird.
Architekt: R. Leinweber, Berlin

201 Eine Holztreppe, die durch die erforderlichen Dimensionen immer etwas schwerer wirkt als eine vergleichbare Konstruktion in Stahl.
Architekt: Hennig und Partner, Hamburg

202 Im Kontrast zur alten Fachwerkkonstruktion steht die schlanke Stahlblechkonstruktion zur Treppe. Architekt: Plesch und Weller, Stuttgart

203 Eine Konstruktion aus Stahl und Holzstufen, die Bezug nimmt auf den Fußboden. Architekt: Fuge und Lippmann, Hannover

204 Entwurfsskizze für eine besonders leichte, an der Decke angehängte Metallkonstruktion. Architekt: W. Gerischer, Düsseldorf

205 Die nach dieser Skizze ausgeführte Treppe aus gefaltetem Blech mit einem Zugband auf der Unterseite und einer Aufhängung zur Decke. Architekt: W. Gerischer, Düsseldorf.

206 Bei selten begangenen Treppen können steilere Steigungen ausgeführt werden. Hier eine schiffstreppenartige Holzwangentreppe mit Stahlgeländer und Seilverspannungen. Architekt: H. Schmidt, Hamburg

207 Bei dieser Stahlkonstruktion werden die Wangen zu geschlossenen Flächen, zwischen die die Stufen gespannt sind. Architekt: Dinse und Feest, Hamburg ▽

△ 206

△ 207

▽ 208

▽ 209

208 Ein Beispiel für eine gewendelte Raumspartreppe mit versetzten Stufen.

209 Gerade Raumspartreppe aus Stahl mit einseitigem Geländer und teppichbelegten Stufen. Architekt: R. Müller, Berlin

210 Eine gefaltete Stahlblechtreppe, die wie eine Plastik wirkt. Architekt: Dinse und Feest, Hamburg ▽

211 Eine Holztreppenkonstruktion, deren Unterseite als Kücheneinbauschrank genutzt wird.
Architekt: W. Becher, Bayreuth

212, 213 Die Stufen werden in Form von Einzelelementen zu einer Raumspartreppe, versetzt angeordnet, addiert. Den Antritt bilden lasierte Holzquader. Architekt: Architekturbüro Galerie Blau, Freiburg

214 Beispiel für eine gewendelte Holzwangentreppe.
Architekt: A. Vargas, Berlin

215 Eine leichtere Ausführung ist meist mit Stahl möglich. Hier wurden die Stufen an ein Stahlrohr angeschweißt und mit Holz belegt.
Architekt: Behrend und Schubert, Hamburg

216 Die Leichtigkeit der über zwei Geschosse führenden Stahltreppe wird durch das große Treppenauge unterstrichen. Der Handlauf wurde aus Edelstahlrohr ausgeführt, das sich nicht abnutzt. Architekt: H. H. Seibold, Hamburg

217 Der stählernen Galeriekonstruktion entspricht die Wendeltreppe in Stahl. Architekt: Galda und Kaiser, Braunschweig

BAD UND KÜCHE

Bad und Küche können in der zukünftigen Dachwohnung nicht willkürlich angeordnet werden. Ihre Lage im Grundriß wird bestimmt durch die Anschlußmöglichkeiten an das vorhandene Installationssystem für Wasser und Abwasser in der darunterliegenden Wohnung. Die Abwasserleitungen lassen sich wegen des erforderlichen Gefälles bei Schmutzwasserrohren nicht horizontal bis zu der Stelle verlegen, wo Anschlußmöglichkeiten in der darunterliegenden Wohnung vorhanden sind. Feuchträume sollten also nach Möglichkeit übereinander liegen, das erleichtert die Installationsarbeiten in der neuen Dachgeschoßwohnung und senkt die Handwerkerkosten.
Eine Alternative für den Ver- und Entsorgungsstrang bieten stillgelegte Schornsteine. Sie eignen sich besonders für die Unterbringung aller Leitungen durch das ganze Haus bis in den Keller hinunter. Der Vorteil ist, daß die darunterliegende Wohnung nicht beeinträchtigt wird und der Grundriß der neuen Dachgeschoßwohnung unabhängig von vorhandenen Installationsbereichen der unteren Ebene geplant werden kann. Generell gilt, daß der Einbau von neuen Installationen nur mit dem Einverständnis des Eigentümers oder des Mieters der darunterliegenden Wohnung erfolgen darf.
Die Feuchträume Küche und Bad sollten ausreichend be- und entlüftet werden können. Das ist über Dachfenster oder aber über Lüftungsrohre, die über Dach geführt werden müssen, zu erreichen. Ein zusätzlich eingebauter Lüfter mit Zeit- und Lichtschaltkombination sorgt für eine technisch problemlose Be- und Entlüftung besonders bei innenliegenden Bädern. Grundsätzlich aber ist es angenehmer und wirkungsvoller, Feuchträume auf dem natürlichen Weg über Fenster oder Oberlichter zu be- und entlüften.
Feuchträume, gerade auf Holzbalkendecken, verlangen im Hinblick auf ihre Abdichtung nach unten besondere Aufmerksamkeit in Planung und handwerklicher Ausführung. Undichtigkeiten werden häufig erst nach längerer Feuchtigkeitseinwirkung sichtbar und zumeist an Stellen, die nicht der Ursprungsort der Leckage sein müssen. Eingedrungenes Wasser, zum Beispiel aus einer undichten Bodenabdichtung im Bad, führt auf die Dauer zur Zerstörung der Holzbalkendekken. Grundsätzlich ist das Bad deshalb oberhalb des Estrichs zweilagig mit Bitumenschweißbahnen abzukleben, die an den Wänden mindestens 10 cm hochgezogen werden sollten, so daß eine wannenartige Abdichtung entsteht.
Problematisch ist die Montage der Sanitärobjekte in, beziehungsweise an den leichten Innenwänden aus beplankten Stahl- oder Holzprofilen. Hier bietet die Industrie vorgefertigte Installationseinheiten, sogenannte Vorwandinstallationen, mit Hängevorrichtungen für Objekte mit Ver- und Entsorgungsanschlüssen an, die in eine Leichtbauwand eingearbeitet werden können.
Der Bereich, der am stärksten dem Wasser ausgesetzt ist, die Dusche, muß bis auf zwei Meter Wandhöhe abgedichtet werden. Die Schwingungen, denen eine relativ leichte Holzbalkendecke unterliegt, führen häufig zu Rissen in den Fliesen oder an den Abdichtungsfugen zwischen Fliesen und Wannenrand. All diese feinen Risse stellen mögliche Gefahrenquellen für eine Durchfeuchtung dar.
Hier bieten vorgefertigte Duschkabinen größere Sicherheit. Völlig risikolos sind komplett vorgefertigte Badezimmereinheiten, die in Segmenten geliefert und an Ort und Stelle zusammengesetzt werden. Da diese Badeinheiten zumeist aus Kunststoff sind, schlägt sich der Wasserdampf an den absolut dichten Wänden nieder. Gerade bei diesen Systemen ist für eine leistungsfähige Entlüftung zu sorgen, damit die entstehende Feuchtigkeit schnell abgeführt werden kann; andernfalls ist mit Geruchsbelästigung, aber auch ständig feuchten Handtüchern zu rechnen.
Die Wände des handwerklich ausgeführten Badezimmers können statt mit Fliesen oder Naturstein auch mit Holz verkleidet werden. Das ist dort vorteilhaft, wo durch Bewegungen im Bau mit Rissen in starren Flächen, also gefliesten oder beispielsweise gelackten Wänden, zu rechnen ist. Geeignete Holzarten, die sich auch ohne

218, 219 Die gesamte sanitäre Installation wird in die doppelte Leichtbauwand eingearbeitet. Vorgefertigte Installationselemente für WC, Waschbekken und Bidet vereinfachen den Anschluß der Geräte und mindern die Schallübertragung.

220 Installationselement für ein WC mit vorbereiteten Anschlüssen.

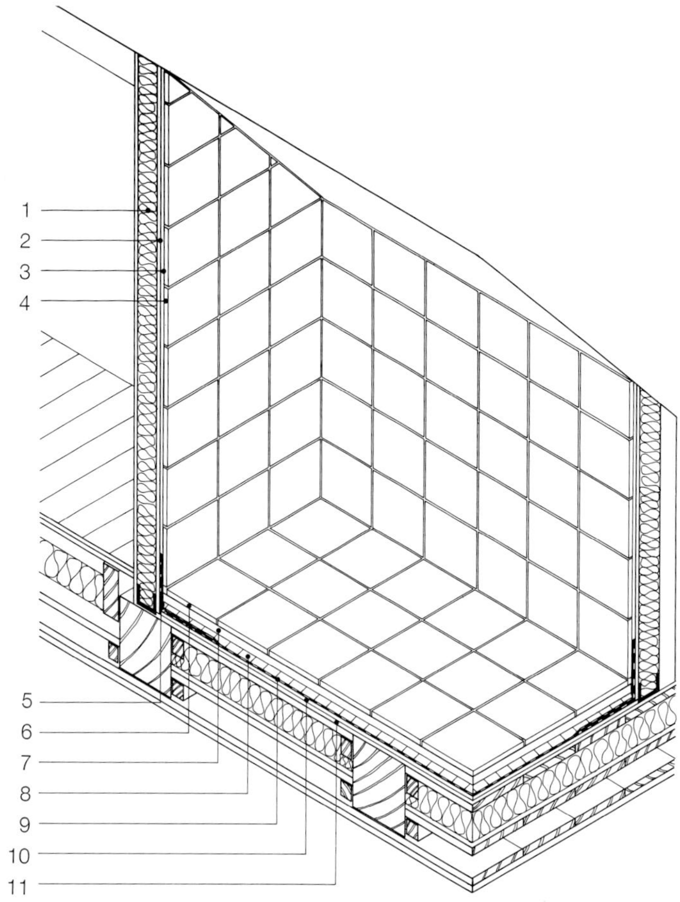

221 Aufbau eines Badezimmerfußbodens auf einer Holzbalkendecke und gefliesten Wänden.
1 Metallständerwand mit Hohlraumdämmung,
2 zwei Lagen Gipskarton,
3 elastischer Dichtungsanstrich, 4 Fliesen, geklebt,
5 Blechwinkel, 6 Fliesen,
7 Gefälleestrich, 8 Bautenschutzmatte (Recyclingmatte aus Altreifen),
9 zwei Lagen Abdichtung,
10 Trennlage, am Rand auf Blechwinkel geklebt,
11 Faserzementplatten.
Maßstab 1:50

chemischen Holzschutz einsetzen lassen, sind zum Beispiel Western Red Cedar und Fichte. Der Einbau einer Holzverschalung im Duschbereich ist allerdings immer problematisch, da das Holz leicht Kalk und Seifenreste aufnimmt und sich dann verfärbt.

Es ist darauf zu achten, daß die Holzverschalung so ausgeführt wird, daß kein Tropfwasser auf waagerechten Holzflächen stehenbleiben kann – das Holz würde schnell zu faulen beginnen. Bei richtiger, stets wasserabweisender Konstruktion, bei der auch keine Kapillarwirkung entstehen kann – das Wasser zieht von unten in das Holz ein und steigt nach oben –, nimmt Holz die etwa beim Duschen entstehende Feuchtigkeit besser und schneller auf als Fliesen über das Fugennetz. Das Bad beschlägt weniger leicht. Holzverkleidungen müssen allerdings ausreichend hinterlüftet sein, wenn sie nicht verschimmeln und faulen sollen. Es empfiehlt sich, die Holzelemente der Wandverkleidung aushängbar auszubilden. So läßt sich die dahinterliegende Wand leicht auf ungewünschte Durchfeuchtung kontrollieren.

Auch wenn die Gefahr von Wasserschäden in der Küche nicht ganz so groß ist wie im Bad, so gilt für die Abdichtungsmaßnahmen im Bodenbereich dennoch derselbe konstruktive Deckenaufbau wie im Bad – nach dem ersten geplatzten Spülmaschinenschlauch wird man das zu schätzen wissen.

Anders als in konventionellen Räumen der Normalgeschosse bietet die Küche unter dem Dach mit ihren meist ein- oder zweiseitig schrägen Wänden viele Möglichkeiten zu ganz individuellen Lösungen, die sich aus der Lage der sichtbaren Dachbalken, Stützen, Schrägen, Gauben oder der Dachflächenfenster ergeben. Da häufig wegen der Wandschrägen auf Oberschränke verzichtet werden muß, sollte die Küche entsprechend groß ausgelegt werden, damit der notwendige Stauraum in zusätzlichen Unterschränken geschaffen werden kann. Aufgrund der großen Nachfrage nach Küchensystemen für Räume mit schrägen Wänden gibt es inzwischen eine Vielzahl von Küchenprogrammen, die sich speziell für die Küche unterm Dach einsetzen lassen.

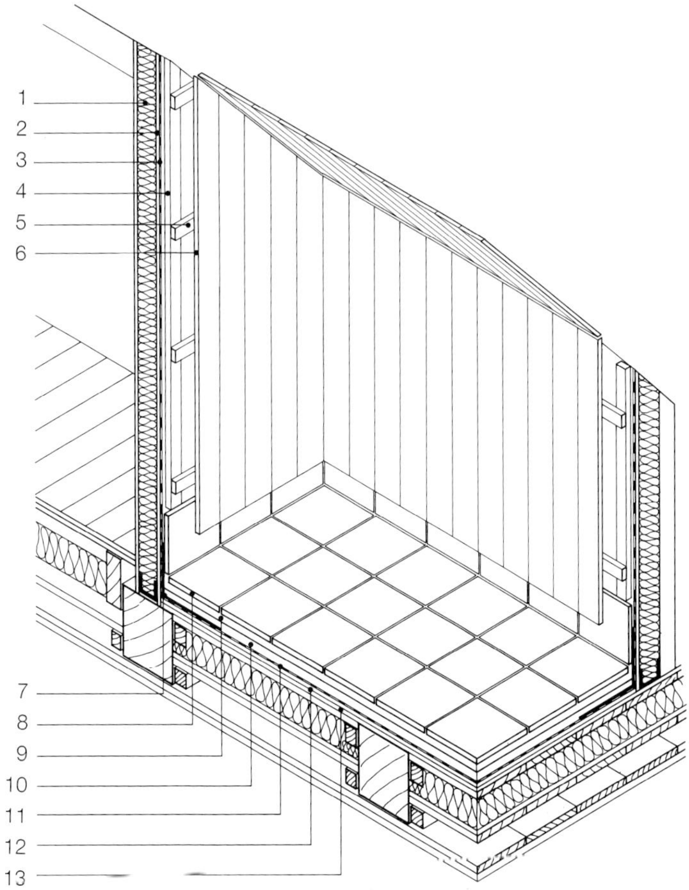

222 Der gleiche Aufbau mit einer hinterlüfteten Holzverkleidung.
1 Metallständerwand mit Hohlraumdämmung, 2 Gipskartonplatte, 3 Feuchtigkeitssperre, 4 Konterlattung, 5 Lattung, 6 Profilholz, 7 Blechwinkel, 8 Fliesen, 9 Gefälleestrich, 10 Bautenschutzmatte (Recyclinggummi aus Altreifen), 11 zwei Lagen Abdichtung, 12 Trennlage, am Rand auf Blechwinkel geklebt, 13 Faserzementplatten.
Maßstab 1:50

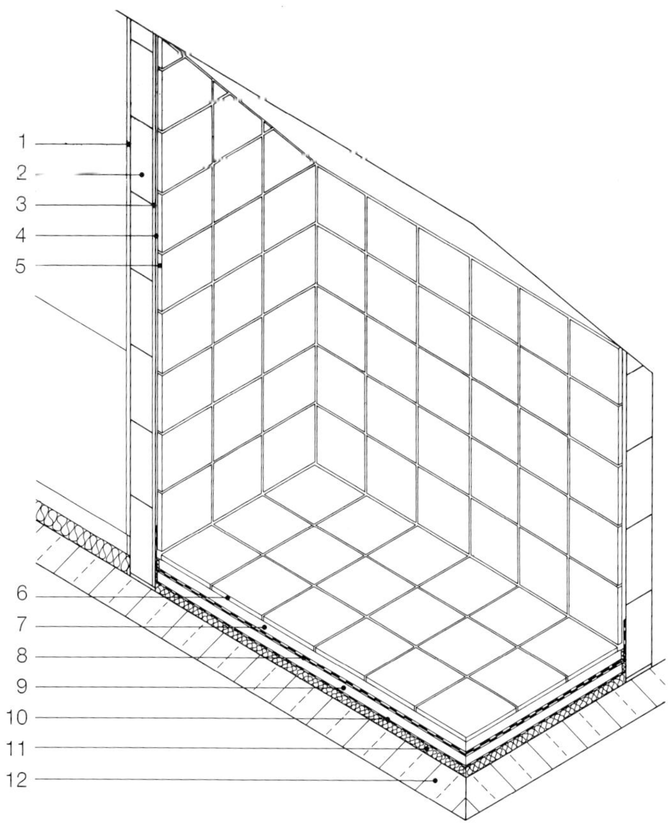

223 Das Risiko von Feuchteschäden verringert sich bei einer Stahlbetonkonstruktion, die sich weniger bewegt als eine Holzbalkendecke.
1 Putz, 2 Gasbeton, 3 Putz, 4 elastischer Dichtungsanstrich, 5 Fliesen, geklebt, 6 Fliesen, 7 Mörtelbett, 8 zwei Lagen Abdichtung, 9 Gefälleestrich, 10 PE-Folie, 11 Trittschalldämmung, 12 Stahlbetondecke.
Maßstab 1:50

224 Eine gute Planung mit sorgfältig durchdachten Details fügt dieses Bad großzügig in das Satteldach ein. Architekt: AIS, Hamburg

225 Auch im Bad sollte die alte Holzkonstruktion sichtbar bleiben. Das große Oberlicht gibt beim Baden den Blick frei in den Himmel, aufgestellt sorgt es für eine schnelle Entlüftung der Raumfeuchte. Architekt: Behrend und Schubert, Hamburg

226 Eine ruhige und großzügige Architektur bestimmt diesen Badentwurf unter dem Dach. Das edle Material des Natursteins und das große Plattenformat lassen diesen winkeligen Dachraum größer wirken, als er eigentlich ist. ▷

227, 228 Dachschrägen müssen für den Ausbau zum Bad kein Hindernis sein. Voraussetzung ist eine exakte Planung, um auch noch die letzten Ecken nutzen zu können.
Architekt: AIS, Hamburg

229–231 Eine Fülle von wohlüberlegten Detaillösungen in der Raumnutzung, Materialwahl und Anwendung. Besonderes Augenmerk wurde auf die Anordnung der Fliesen gelegt.
229 Architekt: Melzer und Meirer, Worms
230, 231 Architekt: Völkner, München

232 Wechselvolle Anwendung verschiedenfarbiger oder großer Fliesen belebt das Bad. Der Weg in die Badewanne führt hier über Stufen.
Architekt: W. Becher, Bayreuth

233, 234 Auch der kleinste Raum kann im bis ins Kleinste durchdetaillierten Bad durch Spiegeleffekte vergrößert werden. Architekt: Dinse und Feest, Hamburg

235, 236 Aufgrund der begrenzten Belichtungsmöglichkeiten und der oft knappen Raumsituation bietet es sich im Dachgeschoß häufig an, offene Küchen einzubauen.
Architekt: R. Leinweber, Berlin

237 Nahezu alle Küchenprogramme lassen sich durch Paßelemente auch in schwierige Situationen einbauen.
Architekt: R. Graf, München

238 Die offene Küche in dieser Wohnung erweitert den Raum und verbessert dadurch die Belichtungsverhältnisse.
Architekt: J. Franzke, Frankfurt

239, 240 Neben der unten abgebildeten Küche liegt der Eßplatz, dessen Tischplatte zwischen die Ständerkonstruktion des Daches angehängt wurde. Architekt: W. Becher, Bayreuth

241 Hier hat man einen alten Schornstein genutzt, um einen freistehenden Kamin besonderer Prägung einzubauen.
Architekt: R. Leinweber, Berlin

OFFENE KAMINE

Die Dachwohnung bietet als oberste Wohnebene eines Hauses neben den vielen anderen Vorteilen auch die Möglichkeit, einen offenen Kamin oder einen Kaminofen als zusätzliche Heizquelle einzubauen. Der zum offenen Kamin gehörende Schornstein läßt sich, wenn die Tragfähigkeit der letzten Geschoßdecke ausreichend ist, verhältnismäßig leicht installieren und durch das Dach der Dachgeschoßwohnung nach draußen führen. Vor der Planung eines Kamins sollte mit dem zuständigen Schornsteinfegermeister über die technische Ausführung, die Höhe des Schornsteins über Dach, die Querschnitte, die Reinigungsmöglichkeiten und die Genehmigungsfähigkeit gesprochen werden. An bereits genutzte Schornsteine der unter der Dachwohnung liegenden Geschoßwohnungen darf keine zusätzliche Feuerstätte angeschlossen werden. Nur stillgelegte Schornsteine können, soweit ihr Querschnitt ausreichend ist, verwendet werden. Auch diese Möglichkeit ist mit dem zuständigen Schornsteinfegermeister abzuklären. Es ist zu überprüfen, ob vorhandene, stillgelegte Schornsteine durchfeuchtet und versottet sind. Selbst solche Schornsteine lassen sich sanieren und wiederverwenden. Hierfür gibt es drei unterschiedliche Verfahren:

1. *Einbau einer glatten, feuerfesten Thermo-Innenschale aus Leichtbeton*
2. *Einbau von keramischen Formteilen*
3. *Einbau von flexiblen Nirosta-Rohren*

Die Sanierung beziehungsweise der nachträgliche Einbau kann von außen ausgeführt werden, so daß die unteren Wohnungen durch die Baumaßnahme nicht beeinträchtigt werden.
Notwendige neue Schornsteine in der Dachwohnung können
- aus wärmegedämmten, vorgefertigten Schamott-Formsteinen auf der Decke des letzten Geschosses aufgerichtet und über Dach geführt werden (sie sind anschließend zu verputzen) oder
- aus nichtrostenden, zweischaligen Stahlrohren mit geringem Gewicht ausgeführt werden.

Gemauerte offene Kamine haben ein verhältnismäßig hohes Gewicht. Ist die Geschoßdecke nicht ausreichend tragfähig, kann man einen leichteren Stahlblech-Kaminofen aufstellen. Dieser verfügt über gläserne oder geschlossene Türen. So kann der Kaminofen wahlweise als offenes Feuer oder als geschlossener Ofen genutzt werden. Auch der Kaminofen benötigt einen eigenen Schornsteinzug, der ebenfalls über Dach geführt werden muß.

242 Der zweiseitig offene Kamin ist mit seinen Nischen in die Wand integriert worden. Architekt: R. Graf, München

243 In diesem Dachgeschoß bot sich der alte Schornstein zum Einbau eines grob verputzten offenen Kamins an.

244 Vorgesetzte Kamine bieten gleichzeitig Abstellflächen. Der gläserne Funkenschutz läßt das Feuer sichtbar.
Architekt: W. Becher, Bayreuth

245 Der offene Kamin ist hier in das Bücherregal integriert. Als Funkenschutz am Boden dient eine eingelassene Edelstahlplatte.
Architekt: H. Schmidt, Hamburg

246 Ein Problem bei offenen Kaminen ist immer der Funkenflug. Einsätze mit Glastüren verringern die Gefahr, lassen aber trotzdem den Blick auf das Feuer zu.

247 Eine Alternative zum offenen Einbau-Kamin ist der stählerne, freiaufgestellte Kaminofen.

248, 249 Der eingebaute Kamin setzt sich mit seiner vorspringenden Platte über die gesamte Wand fort, und wird zu einem wesentlichen Element der Raumgestaltung.
Architekt: R. Ertl, Linz

ANHANG

ARCHITEKTENVERZEICHNIS

AIS Architektur Innenarchitektur Stadtplanung
G. Schindler-Zimmermann, Innenarchitektin
KD. Zimmermann, Dipl.-Ing. Architekt BDA
Eppendorfer Landstr. 155
2000 Hamburg 20
S. 28, 29, 50, 103, 140, 142

Dipl.-Ing. Wolfgang Becher
Innenarchitekt BDIA
Rupprechtstr. 12
8580 Bayreuth
S. 53, 82, 98, 132, 143, 147, 151

Architekten
Behrend und Schubert
Armgartstr. 2
2000 Hamburg 76
S. 16, 18, 40, 68, 87, 96, 121, 134, 140

Architektur Gruppe
Bergmann Boerdner
Angela Bergmann
Helmut Boerdner
Dipl.-Ing. Architekten
Burgstr. 23
6274 Hünstetten 2
S. 64, 80

Architekturbüro
Dinse und Feest
Schenefelder Landstr. 151
2000 Hamburg 55
S. 43, 66, 100, 117, 125, 130, 131, 144

Architekt Dipl.-Ing. Roland Ertl
Sandgasse 16
A-4020 Linz
S. 81, 153

Jo. Franzke
Dipl.-Ing. Architekt
Alte Gasse 14–16
6000 Frankfurt 1
S. 58, 59, 146

Peter Fuge
Ingo Lippmann
Dipl.-Ing. Architekten
Oberstr. 13 a
Planhof
3000 Hannover 1
S. 94, 128

Galda und Kaiser
Dipl.-Ing. Architekten BDA
Madamenweg 169
3300 Braunschweig
S. 14, 135

Galerie Blau
Möbelunikate und Objekte
Büro für Gestaltung
Dorfstr. 8
7801 Freiburg/Au
S. 54, 56, 57, 133

Gatermann und Schossig
Dipl.-Ing. Architekten BDA
Gottesweg 52
5000 Köln 51
S. 19, 76, 85, 101, 116

Gerischer Architektur
Prof. Wolf Gerischer
Dipl.-Ing. Architekt
Cimbernstr. 14
4000 Düsseldorf-Oberkassel
S. 108, 109, 129

Rudolf Graf
Dipl.-Ing. Architekt
Nordendstr. 43 a
8000 München 40
S. 17, 146, 149

Hennig und Partner
Architekten Dipl.-Ing.
Baumkamp 34
2000 Hamburg 60
S. 41, 71, 72, 83, 127

Architekt
Dipl.-Ing. Jürgen Hornemann
Königsberger Str. 21
4402 Greven 1
S. 35, 39

Planungsgemeinschaft für Architektur und Design
Kuhn, Gerlach
Am Rosenmaar 16
5000 Köln 80
S. 33, 74

Dipl.-Ing. Rolf Leinweber
Architekt AKB
Knesebeckstr. 20–21
1000 Berlin 12
Titelfoto, S. 48, 110, 112, 120, 126, 145, 148

Architektenstudio Melzer und Meirer
Töpferstr. 15
6520 Worms
S. 32, 121, 143

Architekturbüro
Reinhard Müller GmbH
Fasanenstr. 61
1000 Berlin 15
S. 36, 70, 79, 88, 95, 96, 107, 130

Dipl.-Ing. Architekt
Rainer Müller
Güntherstr. 24
3000 Hannover 81
S. 31, 63, 73, 80

Sybille K. Plesch Dipl.-Ing.
Jürgen Weller Dipl.-Ing. (FH)
Freie Architekten
Mörikestr. 15
7000 Stuttgart 1
S. 51, 75, 99, 118, 128

Annette Rinn
Architektin
Geyerstr. 20
8000 München 5
S. 86

Schaudt
Architekt BDA DWB
Seestr. 1
7750 Konstanz
S. 97

Architekturbüro
Holger Schmidt
Dipl.-Ing. Architekt BDA
Hallerstr. 8
2000 Hamburg 13
S. 55, 80, 102, 130, 151

Seibold Planung
Dipl.-Ing. Architekt
Hans H. Seibold
Sierichstr. 56
2000 Hamburg 60
S. 104, 106, 111, 135

Dipl.-Ing. Hans-Jürgen Steuber
Architekt BDA
Mörfelder Landstr. 10
6000 Frankfurt/M. 70
S. 27, 65

Architekturbüro
Stiebale
Briennerstr. 24
8000 München 2
Projektleiter:Dipl.-Ing. Karl
Schnitzer
S. 2

Brigitte Streb
Dipl.-Ing. Architektin
Isestr. 23
2000 Hamburg 13
S. 23, 83

Bruno Trinkler
Dipl.-Ing. Architekt
Hammerstr. 115
CH-4057 Basel
S. 12

Alvaro Vargas
Ulrich Schwanitz
Dipl.-Ing. Architekten
Kyffhäuserstr. 22
1000 Berlin 30
S. 134

Völkner und Partner
Diplomingenieure, Architekten
Breisacher Str. 17
8000 München 80
S. 16, 34, 40, 84, 119, 143

LITERATUR

Egon Böhmer, Dachausbau
Köln 1991

Karl-Heinz Götz, Dieter Hoor, Karl Möhler, Julius Natterer,
Holzbauatlas
München 1983

Dieter Hoor, Holger Reiners,
Alte Bauten – Neues Wohnen
München 1990

Gabriel Lisowski,
Ideen zur Dachboden-gestaltung,
Wien

Erika und Lothar Markmann,
Leben unterm Dach
Düsseldorf, Wien 1985

Annemarie Mütsch-Engel,
Wohnen unter schrägem Dach
Leinfelden-Echterdingen 1982

Peter H. Nengelken,
Dachgeschoß-Ausbau
München 1988

Heinrich Schmitt,
Hochbaukonstruktion
München 1983

Volkmar Schnöke, Dachraum-ausbau
Berlin 1986

Eberhard Schunck, Thomas Finke, Richard Jenisch, Hans Jochen Oster,
Der neue Dachatlas – geneigte Dächer
München 1991

BILDNACHWEIS

Seite 2 M. Paal, München

Abbildung

1 Archiv Autoren
2 Archiv Autoren
3 Archiv Autoren
4 Archiv B. Trinkler
5 Zeichnung Autoren
6 Archiv Fa. Knauf
7 Archiv Autoren
8 Zeichnung Autoren
9 Archiv Galda + Kaiser
10 Archiv Galda + Kaiser
11 Archiv Galda + Kaiser
12 Archiv Fa. DESOWAG-BAYER
13 Archiv Autoren
14 Zeichnung Autoren
15 Archiv Völkner + Partner
16 Archiv Behrend + Schubert
17 Zeichnung Autoren
18 Archiv Hennig + Partner
19 Archiv R. Graf
20 Zeichnung Autoren
21 Archiv Behrend + Schubert
22 Archiv Behrend + Schubert
23 Zeichnung Autoren
24 Archiv Autoren
25 J. Willebrand, Köln
26 Zeichnung Autoren
27 Zeichnung Autoren
28 Zeichnung Autoren
29 Zeichnung Autoren
30 Archiv B. Streb
31 Zeichnung Autoren
32 H. J. Steuber
33 AIS
34 AIS
35 AIS
36 Schöner Wohnen, G. Rogers
37 Archiv Fa. R. Müller
38 Archiv Fa. R. Müller
39 Archiv Fa. R. Müller
40 Archiv Melzer + Meirer
41 K. Füssel, Köln
42 K. Füssel, Köln
43 Archiv Völkner + Partner
44 Archiv Völkner + Partner
45 Archiv J. Hornemann
46 Archiv Hennig + Partner
47 Archiv Fa. R. Müller
48 Archiv Fa. R. Müller
49 Zeichnung Autoren
50 Zeichnung Autoren
51 Zeichnung Autoren
52 Archiv J. Hornemann
53 Archiv J. Hornemann
54 Archiv Völkner + Partner
55 Archiv Behrend + Schubert
56 Archiv Hennig + Partner
57 R. Thomas, München
58 Archiv Fa. Knauf
59 Archiv Fa. Knauf
60 K. Frahm, Hamburg
61 Zeichnung Autoren
62 Archiv Fa. ROTO
63 Zeichnung Autoren
64 Archiv Fa. ROTO
65 Zeichnung Autoren
66 S. Koppelkamm, Berlin
67 Schöner Wohnen, G. Rogers
68 Zeichnung Autoren
69 R. Schenkirz, Leonberg
70 Zeichnung Autoren
71 W. Boullion, Bayreuth
72 Archiv Galerie Blau
73 Archiv Galerie Blau
74 R.-D. Best, Hamburg
75 Archiv Galerie Blau
76 Archiv Galerie Blau
77 Archiv Galerie Blau
78 Archiv Galerie Blau
79 G. v. Bassewitz, Hamburg
80 Zeichnung Autoren
81 R. Thomas, München
82 Zeichnung Autoren
83 Archiv Fa. Grünzweig + Hartmann
84 Archiv Fa. Grünzweig + Hartmann
85 Zeichnung Autoren
86 Zeichnung Autoren
87 Archiv Fa. R. Müller
88 Archiv Bergmann + Boerdner

89 Archiv Bergmann + Boerdner
90 Archiv H. J. Steuber
91 J. Becker, Erkrath
92 K. Frahm, Hamburg
93 Zeichnung Autoren
94 Zeichnung Autoren
95 Zeichnung Autoren
96 Archiv Behrend + Schubert
97 Archiv Fa. Knauf
98 Archiv Fa. Grünzweig + Hartmann
99 R. Thomas, München
100 Detail Fa. R. Müller
101 C. Janetscheck, Berlin
102 Zeichnung Autoren
103 C. Janetscheck, Berlin
104 Archiv Fa. R. Müller
105 K. Füssel, Bayreuth
106 Zeichnung Autoren
107 Zeichnung Autoren
108 R. Schenkirz, Leonberg
109 Zeichnung Autoren
110 J. Willebrand, Neuss
111 Zeichnung Autoren
112 Zeichnung Autoren
113 Zeichnung Autoren
114 Detail Fa. R. Müller
115 Archiv Bergmann + Boerdner
116 Archiv Fa. R. Müller
117 R.-D. Best, Hamburg
118 Archiv R. Ertl
119 Archiv Fa. Velux
120 W. Boullion, Bayreuth
121 W. Boullion, Bayreuth
122 A.-K. Hansen, Hamburg
123 C. Janetscheck, Berlin
124 A.-K. Hansen, Hamburg
125 Archiv Völkner + Partner
126 Archiv Völkner + Partner
127 J. Willebrand, Neuss
128 J. Willebrand, Neuss
129 Archiv A. Rinn
130 Archiv A. Rinn
131 Archiv Behrend + Schubert
132 Archiv Behrend + Schubert
133 Archiv Behrend + Schubert
134 Archiv Behrend + Schubert
135 Archiv Fa. R. Müller
136 Archiv Fa. R. Müller
137 Zeichnung Autoren
138 Zeichnung Autoren
139 Zeichnung Autoren
140 Zeichnung Autoren
141 Archiv Fa. Velux
142 Archiv Fa. Velux
143 Archiv Fa. Braas
144 Archiv Fuge + Lippmann
145 Archiv Fa. ROTO
146 Archiv Fa. R. Müller
147 J. Becker, Erkrath
148 Archiv Fa. Braas
149 Archiv Fa. R. Müller
150 Archiv Behrend + Schubert
151 A. Krause, Konstanz
152 W. Boullion, Bayreuth
153 Archiv Fa. Velux
154 Archiv Fa. Velux
155 R. Schenkirz, Leonberg
156 K. Frahm, Hamburg
157 J. Willebrand, Neuss
158 J. Willebrand, Neuss
159 R.-D. Best, Hamburg
160 R.-D. Best, Hamburg
161 Archiv AIS
162 Archiv AIS
163 Archiv H. H. Seibold
164 Archiv H. H. Seibold
165 Archiv H. H. Seibold
166 Archiv H. H. Seibold
167 Archiv Fa. R. Müller
168 Archiv Fa. R. Müller
169 Archiv Fa. R. Müller
170 Archiv W. Gerischer
171 Archiv W. Gerischer
172 Archiv W. Gerischer
173 Archiv W. Gerischer
174 S. Koppelkamm, Berlin
175 Archiv H. H. Seibold
176 Archiv H. H. Seibold
177 S. Koppelkamm, Berlin
178 Archiv Fa. Grünzweig + Hartmann

179 Archiv Fa. Grünzweig + Hartmann
180 Archiv Fa. Knauf
181 Zeichnung Autoren
182 Zeichnung Autoren
183 Zeichnung Autoren
184 J. Willebrand, Neuss
185 K. Frahm, Hamburg
186 R. Schenkirz, Leonberg
187 R. Schenkirz, Leonberg
188 Archiv Völkner + Partner
189 S. Koppelkamm, Berlin
190 Archiv Melzer + Meirer
191 Archiv Behrend + Schubert
192 J. Becker, Erkrath
193a Zeichnung Autoren
193b Zeichnung Autoren
194 Zeichnung Autoren
195 Zeichnung Autoren
196 Zeichnung Autoren
197a Zeichnung Autoren
197b Zeichnung Autoren
198 K. Frahm, Hamburg
199 K. Frahm, Hamburg
200 S. Koppelkamm, Berlin
201 C. Janetscheck, Berlin
202 R. Schenkirz, Leonberg
203 Archiv Fuge + Lippmann
204 Zeichnung W. Gerischer
205 Archiv W. Gerischer
206 R.-D. Best, Hamburg
207 K. Frahm, Hamburg
208 Archiv Autoren
209 Archiv Fa. R. Müller
210 K. Frahm, Hamburg
211 W. Boullion, Bayreuth
212 Archiv Galerie Blau
213 Archiv Galerie Blau
214 C. Janetscheck, Berlin
215 Archiv Behrend + Schubert
216 Archiv H. H. Seibold
217 Archiv Galda + Kaiser
218 Archiv Fa. Knauf
219 Archiv Fa. Knauf
220 Archiv Behrend + Schubert
221 Zeichnung Autoren
222 Zeichnung Autoren
223 Zeichnung Autoren
224 Archiv AIS
225 Archiv Behrend + Schubert
226 K. Becker, Düsseldorf
227 Archiv AIS
228 Archiv AIS
229 Archiv Melzer + Meirer
230 Archiv Völkner + Partner
231 Archiv Völkner + Partner
232 W. Boullion, Bayreuth
233 K. Frahm, Hamburg
234 K. Frahm, Hamburg
235 S. Koppelkamm, Berin
236 J. Becker, Erkrath
237 Archiv R. Graf
238 G. v. Bassewitz, Hamburg
239 W. Boullion, Bayreuth
240 W. Boullion, Bayreuth
241 S. Koppelkamm, Berlin
242 Archiv R. Graf
243 J. Becker, Erkrath
244 W. Boullion, Bayreuth
245 R.-D. Best, Hamburg
246 J. Becker, Erkrath
247 Archiv Autoren
248 Archiv Ertl
249 Archiv Ertl

CALLWEY

Aus der Reihe »... rund ums Haus«

Bücher zur Gestaltung von Haus und Wohnung

Rudi Baumann

Begrünte Architektur

Bauen und Gestalten mit Kletterpflanzen

2. Aufl. 244 Seiten mit 337 einfarbigen und 93 vierfarbigen Abbildungen sowie zahlreichen Tabellen. Broschur.

Die Begrünung von Gebäudeoberflächen stellt eine wirkungsvolle Maßnahme zur Verbesserung des Stadtklimas dar. Das Buch enthält die städtebaulichen, architektonischen und bautechnischen Grundlagen der Gebäudebegrünung. Der Autor geht auf die Verwendungs- und Gestaltungsmöglichkeiten von Kletterpflanzen ein und erläutert die Bedeutung von Vegetationselementen zur Energieeinsparung und zur passiven Solarenergienutzung. Abschließend gibt er Tips bei der Artenwahl für berankte Architekturelemente.

Bernd Grützmacher

Grasdach

Aufbau – Konstruktion – Systeme

120 Seiten mit 55 einfarbigen und 16 vierfarbigen Abbildungen sowie 85 Strichzeichnungen. Broschur.

Die Wirkungsweise des Grasdachs reicht von der Wärmedämmung, Wärmespeicherung bis hin zum Schallschutz und der Luftverbesserung.

Im ersten Teil des Buches werden die historischen Grasdachkonstruktionen Skandinaviens detailliert beschrieben. Der zweite Teil behandelt moderne Grasdachkonstruktionen. Im Anschluß daran folgt eine vergleichende Beschreibung von Begrünungsalternativen (Wildblumen- und Gräsermischungen, Erdsubstraten und Fertigrasen). Eine Darstellung verschiedener in Deutschland angebotener Grasdachsysteme rundet das Buch ab.

Karl Baur/Roland Thomas

Mit Büchern wohnen

Vom kleinen Wandbord bis zur variablen Wohnwand

Über 200 Ideen zum Einrichten und Selbermachen

212 Seiten mit 253 einfarbigen und 16 vierfarbigen Abbildungen. Broschur.

(... rund ums Wohnen)

Mit dieser Publikation wird eine breitgefächerte Auswahl von Einrichtungsmöglichkeiten für eine Bücheransammlung geboten. Ob verglaste Bücherschränke, leichte Wandborde, selbstgebaute offene Regalreihen oder ausgetüftelte Anbauprogramme – für jedes Einrichtungsproblem mit Büchern sind zahlreiche anregende Beispiele vorhanden. Accessoires wie blendfreie Leuchten und praktische Bibliotheksleitern runden die Palette ab.

VERLAG CALLWEY, Streitfeldstraße 35, Postfach 800409, 8000 München 80